essentials

Weitere Bände in dieser Reihe
http://www.springer.com/series/13088

Essentials liefern aktuelles Wissen in konzentrierter Form. Die Essenz dessen, worauf es als „State-of-the-Art" in der gegenwärtigen Fachdiskussion oder in der Praxis ankommt, komplett mit Zusammenfassung und aktuellen Literaturhinweisen. Essentials informieren schnell, unkompliziert und verständlich

- als Einführung in ein aktuelles Thema aus Ihrem Fachgebiet
- als Einstieg in ein für Sie noch unbekanntes Themenfeld
- als Einblick, um zum Thema mitreden zu können.

Die Bücher in elektronischer und gedruckter Form bringen das Expertenwissen von Springer-Fachautoren kompakt zur Darstellung. Sie sind besonders für die Nutzung als eBook auf Tablet-PCs, eBook-Readern und Smartphones geeignet.

Essentials: Wissensbausteine aus Wirtschaft und Gesellschaft, Medizin, Psychologie und Gesundheitsberufen, Technik und Naturwissenschaften. Von renommierten Autoren der Verlagsmarken Springer Gabler, Springer VS, Springer Medizin, Springer Spektrum, Springer Vieweg und Springer Psychologie.

Dirk Lippold

Organisationsstrukturen von Stabsfunktionen

Ein Überblick

1. Auflage

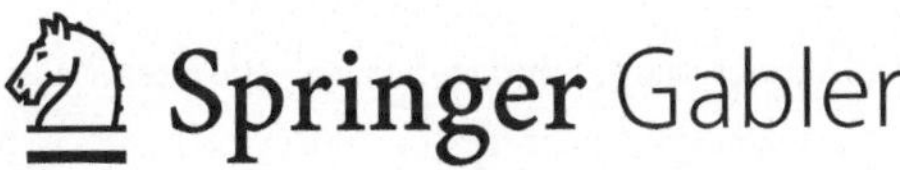

Prof. Dr. Dirk Lippold
Berlin
Deutschland

ISSN 2197-6708 ISSN 2197-6716 (electronic)
essentials
ISBN 978-3-658-12661-2 ISBN 978-3-658-12662-9 (eBook)
DOI 10.1007/978-3-658-12662-9

Die Deutsche Nationalbibliothek verzeichnet diese Publikation in der Deutschen Nationalbibliografie; detaillierte bibliografische Daten sind im Internet über http://dnb.d-nb.de abrufbar.

Springer Gabler

Gedruckt auf säurefreiem und chlorfrei gebleichtem Papier

Springer Fachmedien Wiesbaden ist Teil der Fachverlagsgruppe Springer Science+Business Media
(www.springer.com)

Vorwort

Da sowohl die theoretische als auch die praktische Auseinandersetzung mit dem Thema „Organisation" in der betriebswirtschaftlichen Literatur vergleichsweise alt und weit fortgeschritten ist, soll hier kein weiterer Versuch unternommen werden, die verschiedenen Facetten der formalen und inhaltlichen Organisationsgestaltung zu beleuchten. Vielmehr geht es in diesem *essential* um den besonderen Aspekt der Organisation von **Stabsabteilungen** und nicht um die Organisationsgestaltung eines Unternehmens als Ganzes.

Die damit zugrunde liegende Stablinienorganisation, die sich aus der Arbeitsteilung zwischen Entscheidungsvorbereitung und Entscheidung entwickelt hat, wird jedoch nicht in diesem engeren Sinne verstanden (Stäbe als Entscheidungsvorbereiter bzw. Berater), sondern im Mittelpunkt dieser Darstellung stehen alle drei Typen von Stabsabteilungen: klassische Stäbe, Dienstleistungsabteilungen und Zentralressorts. Dazu werden Marketing- und Personalabteilungen immer wieder als Referenz für die verschiedenen Gestaltungsformen von Stabsabteilungen (i. w. S.) herangezogen, da sowohl das Marketing als auch der Personalsektor bei größeren Unternehmen über eine gewisse kritische Masse verfügen, die ein „Durchspielen" verschiedener Organisationsformen ermöglicht.

Das vorliegende *essential* basiert in weiten Teilen auf den jeweils 2. Auflagen meiner ausführlichen Lehrbücher „Die Marketing-Gleichung. Einführung in das prozess- und wertorientierte Marketing-Management" sowie „Die Personalmarketing-Gleichung. Einführung in das wert- und prozessorientierte Personalmanagement". Für ein vertieftes Studium der einschlägigen Themenstellung sei auf die dort am Beispiel der „Marketingabteilung" und des „Personalsektors" beschriebenen Organisationsformen verwiesen.

Zur Unterstützung des Leseflusses wurde auf die Verwendung von Fußnoten verzichtet. Eine ausführliche Auflistung der verwendeten und weiterführenden Literatur ist im Anhang enthalten.

Berlin, im November 2015 Dirk Lippold

Inhaltsverzeichnis

Organisatorische Grundlagen 1

1.1 Organisationseinheiten

Die **Stelle** ist die kleinste organisatorische Einheit. Ist eine Stelle mit einer Weisungsbefugnis gegenüber anderen Stellen ausgestattet, wird sie als **Instanz** bezeichnet. Eine Stelle ohne Weisungsbefugnis ist eine **Stabs- oder Dienstleistungsstelle**. Durch die Zusammenfassung und hierarchische Abstufung mehrerer Stellen entstehen **Abteilungen**, die wiederum zu Hauptabteilungen, Unternehmensbereichen etc. verknüpft werden können. Auf diese Weise entsteht ein Leitungsaufbau als rangmäßige Zuordnung (Hierarchie) der einzelnen Instanzen. Eine so beschriebene Hierarchie dient vor allem der Lösung von Abstimmungsproblemen zwischen den Instanzen. Solche Probleme, die sich teilweise auch in Konflikten äußern, werden solange im Rahmen der Hierarchie nach oben weitergegeben, bis eine Instanz gefunden ist, deren Entscheidungsbefugnisse die zu koordinierenden Bereiche gemeinsam umspannt (vgl. Steinmann und Schreyögg 2005, S. 457).

Häufig ist es sinnvoll, bestimmte Aufgaben nicht einer einzigen Person, sondern einer Personengruppe zu übertragen. Solche Personenmehrheiten, die zumeist über einen längeren Zeitraum in direkter Interaktion stehen, werden als **Gruppe** oder **Gremium** bezeichnet. Gremien können hauptamtlich (z. B. als Leitungs- oder Arbeitsgruppe), nebenamtlich (als Ausschuss oder Problemlösungsgruppe) oder sowohl vollzeitlich als auch teilzeitlich (z. B. als Projektgruppe) gebildet werden (vgl. Vahs 2009, S. 83 ff.).

Stabsstellen (oder **Stäbe** oder **Dienstleistungsstellen**) werden eingerichtet, um die entscheidungsvorbereitenden Tätigkeiten aus den Linieninstanzen auszugliedern. Durch die Teilung des Entscheidungsprozesses in Entscheidungsvorbereitung und Entscheidung sollen zusätzliche Problemlösungskapazitäten geschaffen werden, ohne dabei die Instanz weiter zu belasten. Während Stabsstellen (quasi als Berater) die Aufgabe haben, Entscheidungen systematisch vorzubereiten, ver-

D. Lippold, *Organisationsstrukturen von Stabsfunktionen*, essentials,
DOI 10.1007/978-3-658-12662-9_1

bleibt die eigentliche Entscheidung und damit die Entscheidungsverantwortung bei der Linieninstanz. Stabsstellen in diesem engeren Sinne haben weder Entscheidungs- noch Weisungsbefugnisse und werden für die verschiedensten Aufgaben eingerichtet. Typische Stabsaufgaben (i. e. S.) sind: Öffentlichkeitsarbeit (PR), Rechtsabteilung, Planungsabteilung. In größeren Unternehmen werden Stabsabteilungen immer häufiger zu Dienstleistungsabteilungen ausgebaut, wie z. B. der Marketingbereich, der Personalsektor, die Interne Revision, das Controlling oder das Rechnungswesen. Solche Stabsstellen im weiteren Sinne sind nicht für die Entscheidungsvorbereitung einer Instanz vorgesehen; vielmehr bieten sie eine Dienstleistung (engl. *Service*) für alle Abteilungen eines Unternehmens oder eines Geschäftsbereichs. Solche Servicebereiche (Stabsstellen i. w. S.) werden häufig ausgegliedert und als **Zentralressorts** organisiert. Sie haben eine *„funktionale Autorität"*, d. h. sie verfügen über begrenzte Weisungsbefugnisse im Rahmen ihres Verantwortungsbereichs (z. B. das Sammeln und Aufbereiten von Controlling-Unterlagen) (vgl. Schreyögg 2012, S. 34 ff.).

Betrachtungsgegenstand dieses *essentials* sind alle Erscheinungs- und Mischformen von Stabsstellen bzw. Zentralbereichen. Sie lassen sich in drei Typen unterscheiden: klassische Stäbe, Dienstleistungsbereiche und Zentralressorts. In der Praxis haben sich die Mischformen sogar so weit entwickelt, dass Stabsabteilungen (i. w. S.) wiederum über Stabsabteilungen (i. e. S.) verfügen können. Beispiel: Die Marktforschung als Stabsstelle des Marketings, das wiederum als zentraler Dienst für alle Abteilungen eines Unternehmens fungiert.

Vielleicht sind die englischen Begriffe *„Central Services"* oder *„Enabling-Bereiche"*, die es den Linieninstanzen erst ermöglichen, deren Funktionen voll und unbelastet auszuführen, die besseren Bezeichnungen. Um die Kommunikation zu erleichtern, werden alle Erscheinungs- und Mischformen von Stabsabteilungen im Folgenden als **Enabling-Bereiche** bezeichnet.

1.2 Strukturtypen der Organisation

Grundsätzlich werden drei Strukturtypen diskutiert, wenn es um die hierarchische Festlegung von entscheidungsbefugten Instanzen und Instanzenwegen geht (siehe auch Steinmann und Schreyögg 2005, S. 457 ff. sowie die entsprechende Übersicht in Abb. 1.1):

- Einlinienorganisation
- Mehrlinienorganisation
- Stablinienorganisation.

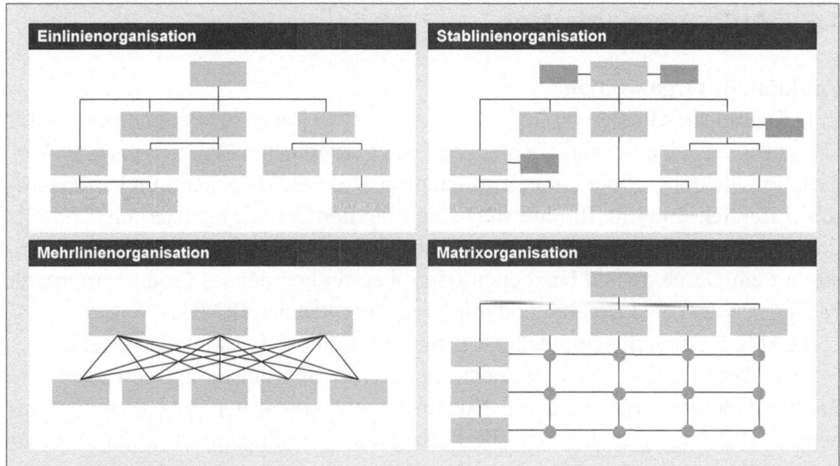

Abb. 1.1 Strukturtypen der betrieblichen Organisation

Einlinienorganisation Maßgeblich für diesen Strukturtyp ist das Prinzip der Einheit der Auftragserteilung. Danach hat ein Mitarbeiter nur einen direkten (weisungsbefugten) Vorgesetzten. Dies gilt nicht umgekehrt, da eine übergeordnete Instanz gewöhnlich mehreren Stellen gegenüber weisungsbefugt ist. Der Vorteil der Einlinienorganisation liegt in der eindeutig abgegrenzten Weisungskompetenz. Nachteilig wirkt sich dagegen der hohe Kommunikationsaufwand aufgrund langer Instanzenwege aus.

Mehrlinienorganisation Dieser Strukturtyp ist quasi das Gegenstück zur Einlinienorganisation. Die Mehrlinienorganisation verteilt die Führungsaufgabe auf mehrere spezialisierte Instanzen, so dass ein Mitarbeiter an mehrere Vorgesetzte berichtet. In der Praxis ist dieser Strukturtyp auf wenig Akzeptanz gestoßen, da er mit der Aufweichung der Autorität verbunden ist. Erst in neuerer Zeit wird die **Matrixorganisation** als eine spezielle Ausprägung dieses Organisationstyps häufiger praktiziert.

Stablinienorganisation Dieser Strukturtyp ist eine um eine oder mehrere Stabsstelle(n) erweiterte Form der Einlinienorganisation. Stabsstellen haben keine oder nur sehr begrenzte Entscheidungs- und Weisungsbefugnisse. Sie werden vor allem dann eingerichtet, wenn ein Spezialistenteam einer bestimmten Instanz zuarbeitet und diese damit entlasten soll (Stabsstelle i. e. S.) oder wenn das Spezialistenteam Dienstleistungen für das gesamte Unternehmen zentral erbringt (Stabsstelle i. w. S.).

1.3 Aufbauorganisation

Funktionale Organisation

Eine funktionale Gliederung liegt vor, wenn die zweitoberste Hierarchieebene des Unternehmens eine Spezialisierung nach den betrieblichen Funktionen (z. B. Vertrieb, Entwicklung, Produktion, kaufmännischer Bereich) vorsieht. Im kaufmännischen Bereich sind i. d. R. unterstützende Funktionen wie Finanzierung, Controlling oder Personal integriert. Diese Organisationsform dominiert bei Unternehmen, die nur ein Geschäftsfeld bearbeiten oder über ein homogenes Produktprogramm verfügen, sowie bei kleineren und mittleren Unternehmen (KMUs).

In Abb. 1.2 sind die Grundzüge der funktionalen Organisation dargestellt.

Der Vorteil dieser Organisationsform liegt in Spezialisierungsgewinnen und Produktivitätssteigerungen durch Nutzung hochkompetenter spezialisierter Einheiten. Allerdings gestaltet sich die horizontale Koordination, d. h. die Abstimmung zwischen den Funktionsbereichen außerordentlich schwer. Viele organisatorische Schnittstellen, Ressortegoismen und hohe Fragmentierung der Arbeitsabläufe führen daher zu einem erhöhten Kommunikations- und Integrationsaufwand (vgl. Schreyögg und Koch 2015, S. 210 f.).

Objektorientierte Organisation

Eine objektorientierte Gliederung liegt vor, wenn die zweitoberste Hierarchieebene eine Orientierung an Objekten vorsieht. Hier bilden Geschäftsbereiche (engl. *Business Units*), Produktgruppen, Kunden, Kundengruppen oder Regionen/Märkte das Spezialisierungskriterium. Häufig wird die Objektorientierung einer Organisation auch als **divisionale Organisation**, **Spartenorganisation** oder **Geschäfts-**

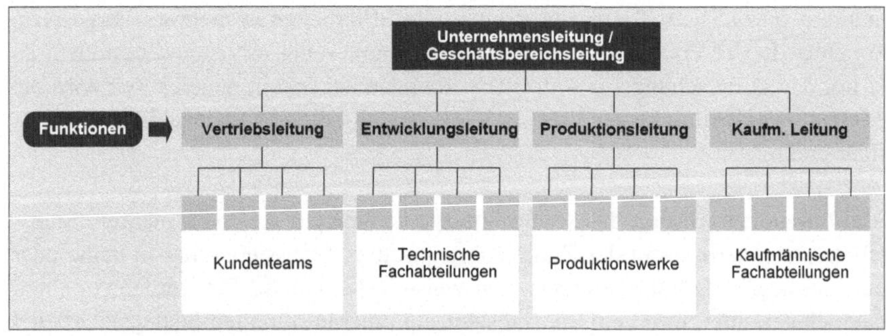

Abb. 1.2 Beispiel für eine funktionale Organisation

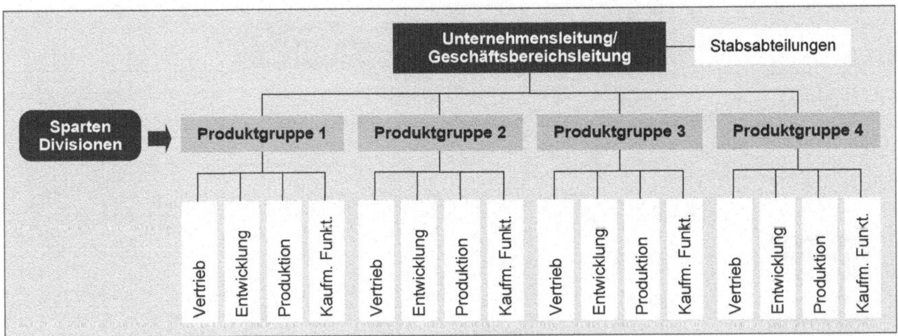

Abb. 1.3 Beispiel für eine objektorientierte Organisation

bereichsorganisation bezeichnet. Unterhalb der Spartenebene erfolgt der Organisationsaufbau häufig nach funktionalen Kriterien (siehe Abb. 1.3).

Bei Großunternehmen ist aber auch eine *mehrstufige* Divisionalisierung üblich, d. h. auch unterhalb der zweiten Hierarchieebene findet eine Gliederung nach Objekten statt (z. B. folgt im Rahmen einer Geschäftsbereichsorganisation eine Untergliederung nach Ländern oder nach Produktgruppen).

Voraussetzung für den Aufbau einer Spartenorganisation ist die Aufteilung der geschäftlichen Aktivitäten in möglichst homogene, gut voneinander abgrenzbare Sektoren. Dies ist häufig dann der Fall, wenn eine Erfolgszurechnung *(Profit- und Loss-Verantwortung)* zu den einzelnen Sektoren möglich ist.

Mit einer objektorientierten Aufbauorganisation ist eine bessere Ausrichtung auf die jeweiligen Divisionsstrategien ebenso gewährleistet wie eine Entlastung der Unternehmensgesamtführung. Auch sind Unternehmenszukäufe oder der Verkauf von Teilbereichen leichter zu bewerkstelligen. Diesen Vorteilen stehen ein höherer administrativer Aufwand (durch Spartenerfolgsrechnungen, Transferpreis-Regelungen etc.) sowie eine Vervielfachung hoher Führungspositionen als wesentliche Nachteile gegenüber (vgl. Steinmann und Schreyögg 2005, S. 452).

Die Aufbauorganisation wird auch als Strukturorganisation bezeichnet und bildet die Grundlage für das Organigramm eines Unternehmens. Das **Organigramm** ist eine schaubildartige Darstellung der Organisationsstruktur und gibt einen Überblick über die Leitungsstruktur, wobei neben den allgemein üblichen Linieninstanzen Stabstellen gesondert gekennzeichnet sind.

Matrix- und Tensororganisation

Die (zweidimensionale) **Matrixorganisation** ist eine besonders strukturierte Form der Mehrlinienorganisation, bei dem genau zwei Leitungssysteme miteinander kombiniert werden. Die Mitarbeiter stehen dementsprechend in zwei Weisungsbeziehungen, d. h. sie sind gleichzeitig dem Leiter eines horizontalen Ver-

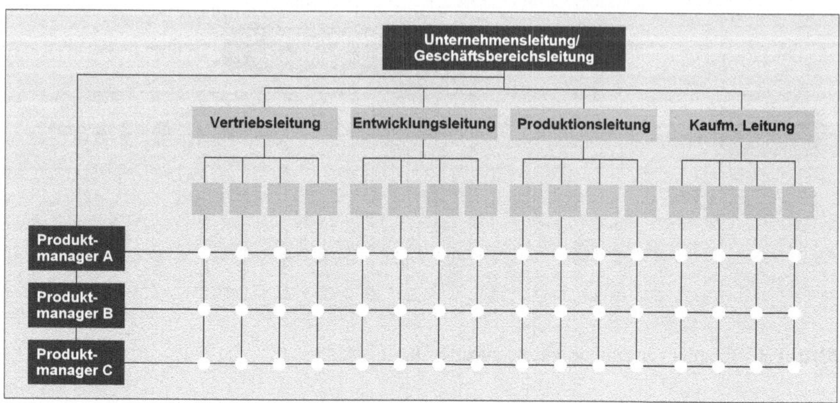

Abb. 1.4 Beispiel für eine Matrixorganisation

antwortungsbereichs (z. B. Vertriebsmanager) und dem Leiter eines vertikalen Verantwortungsbereichs (z. B. Produktmanager) unterstellt (siehe Abb. 1.4). Die Besonderheit bei der Matrixorganisation liegt darin, dass bei Konflikten oder Meinungsverschiedenheiten keine organisatorisch bestimmte Dominanz zugunsten der horizontalen oder der vertikalen Achse geschaffen ist. Die Befürworter dieses Strukturtyps vertrauen vielmehr auf die besseren Argumente und die Bereitschaft zur Kooperation.

Während die Matrixorganisation unter gleichzeitiger Anwendung von zwei Gestaltungsdimensionen gebildet wird, kommt bei der **Tensororganisation** noch mindestens eine weitere Dimension hinzu (siehe Abb. 1.5). Tensororganisationen sind besonders bei international agierenden Unternehmen beliebt. Neben den Strukturdimensionen „Funktionen" und „Produkte bzw. Produktgruppen" als Sparten bilden geografischen Einheiten häufig die dritte Dimension (vgl. Vahs 2009, S. 171 ff.).

Kürzere Kommunikationswege, Förderung des Teamgedankens, Problemlösungen unter Berücksichtigung unterschiedlicher Standpunkte stehen einem höheren Kommunikationsaufwand, einer schwerfälligen Entscheidungsfindung und vor allem der Unsicherheit bei einer Mehrfachunterstellung gegenüber. Gerade bei größeren, international agierenden Unternehmen, bei denen mindestens zwei Gliederungsdimensionen wettbewerbsrelevant sind, wird die Matrixorganisation praktiziert.

In kleineren Unternehmen stellt der damit verbundene Blick von oben auf die Organisation kein Problem dar, weil sich die Mitarbeiter untereinander kennen und das Zusammenwirken der Funktionen und Abläufe verstehen. In wachsenden Or-

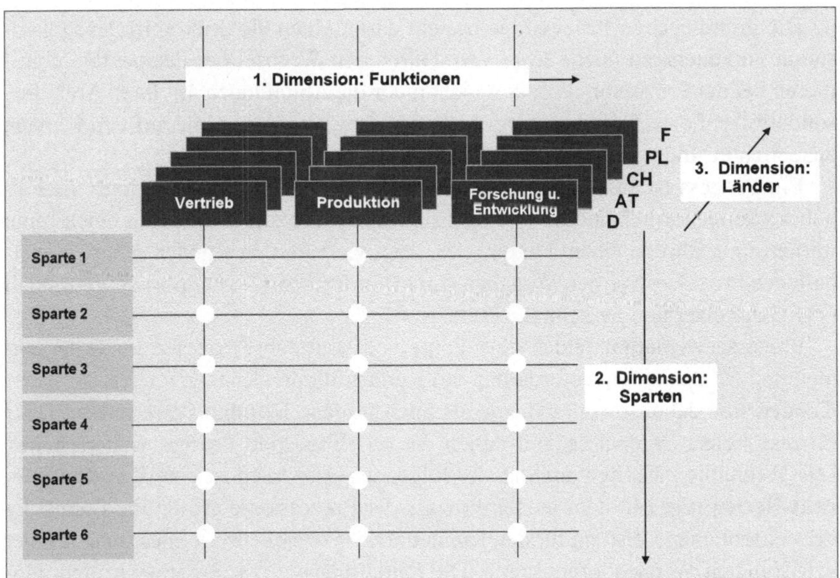

Abb. 1.5 Beispiel für eine Tensororganisation

ganisationen werden dagegen Abteilungen zu **Silos**: groß, dick und fensterlos (vgl. Osterloh und Frost 2005, S. 28 f.).

Durch die isolierte Betrachtung von arbeitsplatzbezogenen Abläufen ergibt sich ein nur sehr begrenztes Optimierungspotenzial. Auch zeigt sich in der Unternehmenspraxis, dass eine solche Organisation funktionalen Ressortegoismen Vorschub leistet, weil die Bereichsmanager nur noch ihre eigenen Aufgaben sehen.

1.4 Prozessorganisation

Die oben skizzierte Vorgehensweise bei der Organisationsentwicklung führt zu einem vertikalen Blick (also von oben nach unten) auf die Organisation, bei dem stellenübergreifende Abläufe nicht ausreichend berücksichtigt werden. Funktions- und Hierarchiebarrieren sowie operative Inseln können zu einer funktionalen Abschottung, Informationsfilterung sowie Steuerungs- und Koordinationsprobleme führen. Da die Wettbewerbs- und Überlebensfähigkeit von Unternehmen von der schnellen, fehlerfreien, flexiblen und effizienten Abwicklung der auf den Kunden gerichteten Geschäftsprozesse abhängt, gewinnt die **Prozessorientierung** in allen Branchen zunehmend an Bedeutung.

Die grundlegende **Prozessidee** besteht darin, einen 90-Grad-Shift der Organisation vorzunehmen (siehe Abb. 1.6). Durch den Wechsel der Perspektive dominieren bei der Prozessorganisation nicht mehr die Abteilungen mit ihren Abläufen, sondern der Fokus liegt auf Vorgangsketten bzw. Prozessen, die auf den Kunden ausgerichtet sind (vgl. Wiss 2001, S. 10).

Ein **Prozess** ist eine Struktur, deren Elemente (Aufgaben) durch logische Folgebeziehungen miteinander verknüpft sind. Jeder Prozess wird durch einen Input initiiert und führt zu einem Output, der einen Wert für den Kunden schafft. Innerhalb des Prozesses werden Vorgaben (Input) in Ergebnisse (Output) umgewandelt (vgl. Schmelzer und Sesselmann 2006, S. 67 ff.).

Prozesse wiederum bilden eine Folge von weiteren Prozessen im Unternehmen und werden durch Anforderung des Kunden für den Kunden umgesetzt. Unter Kunden sind dabei sowohl **externe als auch interne Kunden** zu verstehen. Jeder Prozess liefert Ergebnisse, mit denen der anschließende Prozess weiterarbeitet. Das Verhältnis zwischen aufeinander folgenden Prozessen ist eine **Kunde-Lieferant-Beziehung**. Mit dem letzten Prozess der Prozesskette erfolgt die Erstellung der betrieblichen Leistung für den Kunden. Die Prozesskette ist linear und Teil der betrieblichen Wertschöpfungskette. Die Durchführung von Prozessschritten wird durch Informationen gesteuert. Die Verbesserung der Prozesse wird heutzutage durch betriebswirtschaftliche Software vorgenommen.

Jedem Prozess kommen drei verschiedene **Rollen** zu (vgl. Wiss 2001, S. 27):

- Der betrachtete Prozess ist **Kunde** von Materialien und Informationen eines vorausgehenden Prozesses.
- Der betrachtete Prozess ist **Verarbeiter** der erhaltenen Leistungen.
- Der betrachtete Prozess übernimmt die Rolle eines **Lieferanten** gemäß den Anforderungen des nachfolgenden Prozesses und gibt die erstellten Ergebnisse weiter.

Bei der prozessorientierten Organisation eines Unternehmens wird versucht, Prozessziele und die hieraus resultierenden Ergebnisse in den Vordergrund zu stellen. Diese sind im Regelfall nicht deckungsgleich, wenn man sie mit den Abteilungs- bzw. Bereichszielen und -ergebnissen der klassischen Organisation vergleicht.

Der zunehmende Zwang zur Dezentralisierung im Hinblick auf Markt- und Kundennähe, zur Umgestaltung der Produktpalette, zur Reduktion des Verwaltungsaufwands, zur Verflachung der Hierarchien u. ä. führt in immer kürzeren Abständen zur Verlagerung oder zum Wegfall von Aufgaben und zu neuen Schnittstellen in der Organisation. Diesem permanenten Wandel wird das herkömmliche Organisationsverständnis mit hochgradig zentralen und arbeitsteiligen Strukturen

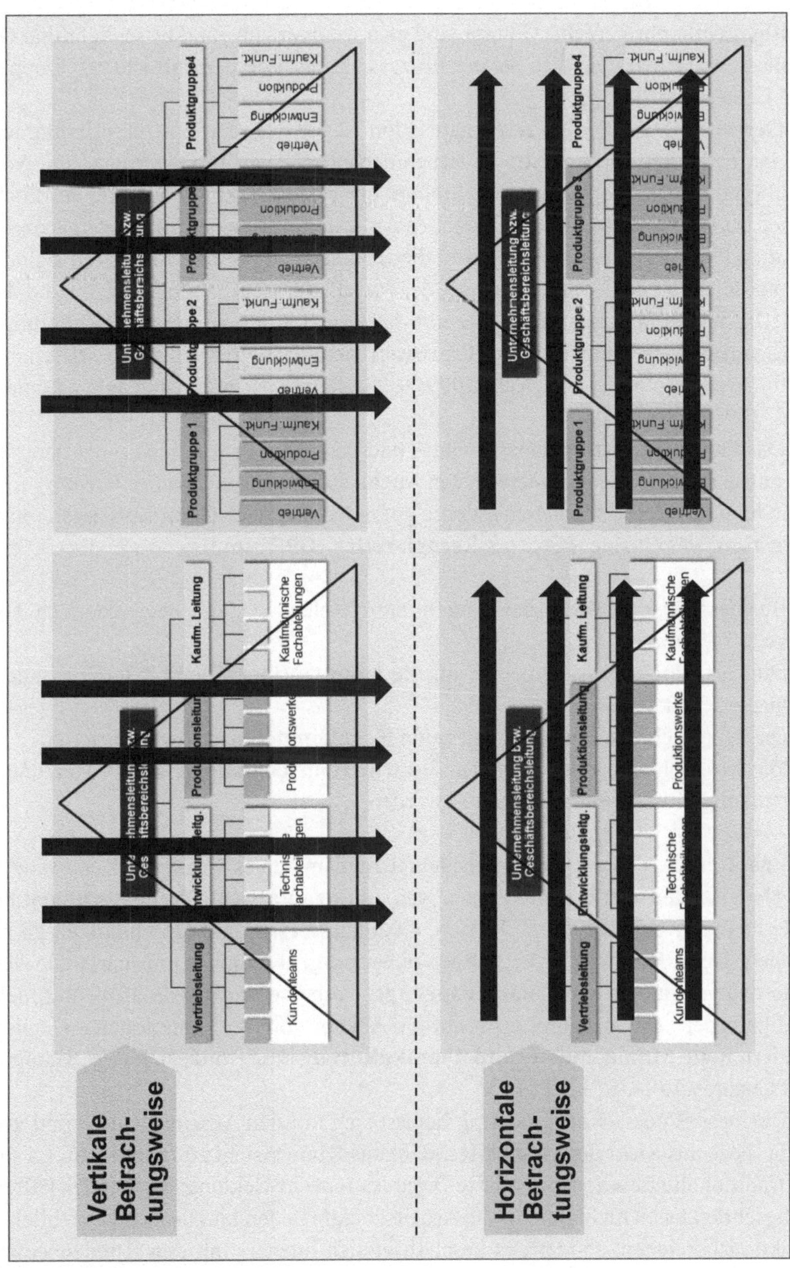

Abb. 1.6 Der 90-Grad-Shift

häufig nicht mehr gerecht. Gefragt sind also weniger stör- und krisenanfällige Organisationsformen, wie dies bei der Prozessorganisation der Fall ist (vgl. Doppler und Lauterburg 2005, S. 37, 55).

Gestaltungsziel der Prozessorganisation ist die dauerhafte Strukturierung und die laufende Optimierung von Unternehmensprozessen. Im Gegensatz zum Analyse-Synthese-Konzept erfolgt die Stellen- und Abteilungsbildung unter ausdrücklicher Berücksichtigung der spezifischen Anforderungen eines effizienten Prozessablaufs. Die Aufgabenverteilung und die Bildung von Stellen orientieren sich dabei vor allem an der Vorgangsmenge, der Anzahl der Bearbeitungsschritte und den jeweiligen Bearbeitungszeiten. Die mit der Orientierung an der Wertschöpfungskette verbundene Steigerung der Prozesseffizienz erschließt dazu ein erhebliches Optimierungspotential (vgl. Vahs 2009, S. 235 f. unter Bezugnahme auf Gaitanides et al. 1994, S. 5).

Das Geschäftsprozessmanagement – und damit die Prozessidee – hat über das **Business Process Reengineering** von Michael Hammer und James Champy Eingang in die moderne Managementlehre gefunden. Die **vier Grundaussagen** (engl. *Essentials*) des Business Process Reengineering (BPR) sind:

- Business Process Reengineering orientiert sich an den entscheidenden **Geschäftsprozessen**.
- Die Geschäftsprozesse müssen auf die **Kunden** (interne und externe Kunden) ausgerichtet sein.
- Das Unternehmen muss sich auf seine **Kernkompetenzen** konzentrieren.
- Die Möglichkeiten der aktuellen **Informationstechnologie** zur Prozessunterstützung müssen intensiv genutzt werden.

Business Process Reengineering bedeutet fundamentales Umdenken und radikales Neugestalten von Geschäftsprozessen, um **dramatische Verbesserungen** bei bedeutenden Kennzahlen wie Kosten, Qualität, Service und Durchlaufzeit zu erreichen. Beim Business Process Reengineering geht es nicht um marginale Veränderungen, sondern um **Quantensprünge**. Verbesserungen von 50 % und mehr sind gefordert. Das bedeutet nicht nur die Abkehr vom rein funktionalen Denken, sondern **neue Management- und Teamkulturen** sind erforderlich (vgl. Hammer und Champy 1994, S. 12, 113 f.).

Business Process Reengineering befasst sich mit den Arbeitsabläufen und versucht diese aus Sicht des Geschäftes, d. h. aus Kundensicht zu optimieren. Es soll die traditionelle funktionsorientierte Organisationsentwicklung überwinden helfen. Es beschränkt sich nicht nur auf die Arbeitsabläufe in den klassischen betrieblichen Funktionsbereichen, sondern es beschäftigt sich intensiv mit den Kundenbedürfnissen. Demzufolge werden die Prozesse an den Anforderungen der (externen und

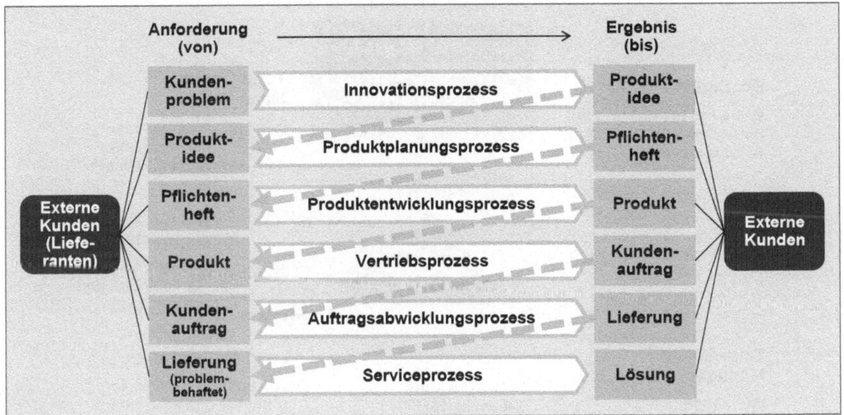

Abb. 1.7 Geschäftsprozesse in Industrieunternehmen mit Serienprodukten

internen) Kunden ausgerichtet und nicht an den Anforderungen der Organisation (vgl. Gadatsch 2008, S. 12).

Kundenorientierung ist also die zentrale Leitlinie des Geschäftsprozessmanagements. Je besser und effizienter ein Unternehmen seine Geschäftsprozesse beherrscht und die Kundenanforderungen erfüllt, umso wettbewerbsfähiger wird es sein. Beispiele für die wichtigsten Geschäftsprozesse eines Industrieunternehmens liefert Abb. 1.7. Die dort aufgeführten Geschäftsprozesse haben jeweils einen Bezug zum Kunden.

Prozesse in Unternehmen müssen schnell, kundenorientiert und qualitativ hochwertig ablaufen. Die „Entschlackung" eines häufig als hinderlich (weil zu teuer) empfundenen Verwaltungsapparates (engl. *Overhead*) steht daher heute ganz oben auf der Liste des Handlungsbedarfs. In diesem Zusammenhang haben sich vier (allerdings nicht ganz überschneidungsfreie) Begriffe (die vier „R" der Transformation) im Umfeld des Business Process Reengineering durchgesetzt (vgl. Schnieder 2004, S. 230 ff.):

- Beim **Renewing** (Erneuerung) geht es um verbesserte Schulung und organisatorische Einbindung von Mitarbeitern in das Unternehmen. Neue Fähigkeiten sollen erworben und die Motivation der Mitarbeiter verbessert werden.
- **Revitalizing** (Revitalisierung) zielt auf die gesamte Überarbeitung und Neugestaltung der Geschäftsprozesse ab.
- Beim **Reframing** (Einstellungsänderungen) sollen herkömmliche Denkmuster abgelegt werden und neue Wege bei der Prozessgestaltung beschritten werden. Neue Visionen und Entschlusskraft stehen hierbei im Vordergrund.
- **Restructuring** (Restrukturierung) hat die Neugestaltung bzw. Änderung des Aktivitätenportfolios zum Ziel.

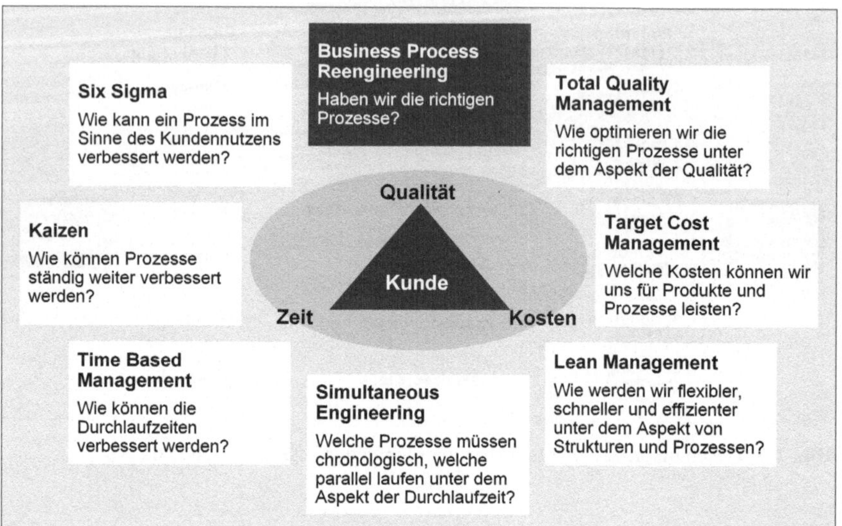

Abb. 1.8 Management-Ansätze (Auswahl) bei der Prozessgestaltung

Amerikanische und deutsche Unternehmensberatungen trugen wesentlich dazu bei, das Prozessbewusstsein zu verbreiten. So hat fast jedes Beratungsunternehmen zwischenzeitlich seine eigenen Methoden und Techniken zur Prozessorganisation entwickelt. Es verwundert daher auch nicht, dass sich für ein und dieselbe Idee eine ganze Reihe **synonymer Begriffe** etabliert haben: *Business Process Redesign, Business Reengineering, Process Innovation, Core Process Redesign, Process Redesign* und *Business Engineering* (vgl. Wiss 2001, S. 7).

Im Gegensatz zu dieser Begriffsvielfalt rund um das *Business Process Reengineering* gibt es aber noch weitere, teilweise ergänzende Ansätze, die sich im „magischen" Dreieck von Qualität, Zeit und Kosten mit etwas anderen Zielsetzungen bei der Prozessbetrachtung bewährt haben (siehe hierzu insbesondere die ausführliche Darstellung bei Schmelzer und Sesselmann 2006). Eine Beschreibung dieser **Managementansätze** würde den hier vorgegebenen Rahmen sprengen.

Stattdessen sind in Abb. 1.8 einige Ansätze mit ihrer zentralen Fragestellungen aufgeführt.

Besonders wichtig sind in diesem Zusammenhang die sogenannten **Wertschöpfungsketten** (Wertketten). Hierbei handelt es sich um Geschäftsprozesse, die zu Prozessketten verknüpft sind und deren Output idealerweise einen höheren Wert für das Unternehmen darstellt als der ursprünglich eingesetzte Input. Zu den bekanntesten Wertschöpfungsketten zählen:

- **CRM (Customer Relationship Management)** beschreibt die Geschäftsprozesse zur Kundengewinnung, Angebots- und Auftragserstellung sowie Betreuung und Wartung.
- **PLM (Product Lifecycle Management)** beschreibt die Geschäftsprozesse von der Produktportfolio-Planung über Produktplanung, Produktentwicklung und Produktpflege bis zum Produktauslauf sowie Individualentwicklungen.
- **SCM (Supply Chain Management)** beschreibt die Geschäftsprozesse vom Lieferantenmanagement über den Einkauf und alle Fertigungsstufen bis zur Lieferung an den Kunden ggf. mit Installation und Inbetriebnahme.

Wichtige Beiträge für die organisatorische Gestaltung der Geschäftsprozesse leisten prozessorientierte ERP-Systeme *(ERP = Enterprise Resource Planning)*.

ERP-Systeme sind integrierte Standardsoftwaresysteme, deren Teilsysteme zwar funktional ausgerichtet sind, über eine gemeinsame Datenbasis aber die Integration dieser Teilsysteme ermöglichen. Typische Einsatzfelder sind Produktionsplanung und -steuerung (PPS), Einkauf- und Materialwirtschaft bzw. Logistik, Vertrieb, Kostenrechnung und Controlling sowie Personal. ERP-Systeme drängen Individualsoftware, die eigens für ein bestimmtes Anwendungsgebiet entwickelt wird, immer stärker zurück. Maßgebend dafür sind die hohen Entwicklungs- und Wartungskosten sowie die mangelnde Portierbarkeit von Individualsoftware über die Unternehmensgrenzen hinaus. ERP-Systeme wurden zunächst nahezu ausschließlich für Großunternehmen konzipiert, heute gewinnen sie auch in mittleren Betrieben zunehmend an Bedeutung.

2 Einordnung der Enabling-Bereiche in die Unternehmenshierarchie

Die organisatorische Gliederung der allermeisten Enabling-Bereiche (z. B. Marketing, Personal, IT, Rechnungswesen, Controlling, Revision, Facility, Legal, Procurement bzw. Einkauf) sowie ihre Stellung innerhalb der Unternehmensorganisation ist grundsätzlich abhängig von der Größe des Unternehmens und der Bedeutung, die dem jeweiligen Enabling-Bereich im Unternehmen beigemessen wird. Folgenden Fragen soll in diesem Zusammenhang nachgegangen werden:

- Wie ist der Enabling-Bereich in die hierarchische Struktur des Unternehmens eingebettet?
- Wie ist der Enabling-Bereich *in sich* strukturiert?
- Wer trägt die organisatorische Verantwortung für die Enabling-Teilprozesse?

Zunächst ist festzustellen, dass nicht nur die Arbeitswelt im Allgemeinen, sondern auch die sie begleitende Organisation einem permanenten Wandel unterworfen ist. Der Wandel in den meisten Enabling-Bereichen ist gekennzeichnet durch permanente Innovationen, die durch einen fortwährenden Kostendruck, durch neue Qualitätsziele sowie durch den Einsatz neuer Technologien bedingt sind. Die meisten Unternehmen haben in den letzten zwei Jahren mindestens eine Reorganisation durchgeführt, ein Großteil der Unternehmen hat sogar „großformatig" reorganisiert (vgl. HR-Barometer 2011, S. 81).

Hinsichtlich der Einordnung des jeweiligen Enabling-Bereichs in die hierarchische Struktur des Unternehmens sind in der Praxis alle in Abschn. 1.3 vorgestellten Organisationsformen zu finden:

- Einordnung in eine funktionale Organisation,
- Einordnung in eine objektorientierte Organisation und
- Einordnung in eine Matrixorganisation.

D. Lippold, *Organisationsstrukturen von Stabsfunktionen,* essentials,
DOI 10.1007/978-3-658-12662-9_2

Da die **Marketing-Funktionen** dem Business folgen sollten, ist die organisatorische Eingliederung des Marketings grundsätzlich an der Gesamtorganisation auszurichten. Beispiel: In einem regional ausgerichteten Unternehmen werden regionale Marketingmanager gefragt. In einer Spartenorganisation nach Geschäftsbereichen mit unterschiedlichen Zielmärkten benötigen die Business Units ihr eigenes Marketing.

Ähnlich sieht es hinsichtlich der Einordnung des **Personalsektors** in die hierarchische Struktur des Unternehmens aus. Allerdings sind – wie das HR-Barometer 2011 (S. 53) zeigt – die drei Organisationsformen unterschiedlich verteilt. 17 % der befragten Unternehmen sind nach Funktionen organisiert, 40 % nach Objekten (Geschäftsbereich, Regionen) und 43 % sind als Matrix organisiert. Darüber hinaus sollte die organisatorische Gestaltung des Personalbereichs gewissen Anforderungen genügen. So hat die Personalorganisation für **Transparenz** zu sorgen, indem sie die Zuständig- und Verantwortlichkeiten innerhalb der jeweiligen Abteilungen festlegt und kommuniziert. Erfolgreiche Personalarbeit zeichnet sich durch ein hohes Maß an **Flexibilität** aus, zu der eine reaktionsschnelle Bearbeitung der Anforderungen von Seiten der internen und externen Kunden zählt. Ohnehin ist **Kundennähe und -orientierung** ein wichtiges Merkmal moderner Personalarbeit. Insbesondere die Nähe zu den internen Kunden, also den Mitarbeitern des Unternehmens, ist Voraussetzung für eine hohe Akzeptanz. Aber auch die Belange der externen Kunden (z. B. Bewerber) sollten zeitnah bearbeitet werden. Eine weitere Anforderung ist **Vernetzung** im Unternehmen sowie die **Integration** in den Unternehmenskontext. Funktionale Schnittstellen zu den Leistungsbereichen und Vermeidung von Doppelarbeiten ist hierunter in erster Linie zu verstehen (vgl. Bartscher et al. 2012, S. 156 f.).

2.1 Einordnung in funktionale Organisationen

In Kleinbetrieben existiert üblicherweise keine eigenständige Abteilung für die verschiedenen Enabling-Bereiche. Tätigkeiten in diesen Bereichen werden häufig von kleinen Stabsstellen oder in Personalunion mit Linieninstanzen wahrgenommen.

Einordnung des Marketingbereichs

In mittleren Unternehmen mit funktionaler Organisationsausrichtung ist der Marketingbereich entweder der Vertriebsleitung oder direkt der Unternehmensleitung unterstellt. In Großunternehmen ist der Marketingsektor regelmäßig auf der zweiten (und manchmal auch auf der ersten) Hierarchieebene (Geschäftsbereichsleitung oder sogar Vorstand bzw. Geschäftsführung) vertreten. In Abb. 2.1 ist eine Einordnung auf der zweiten Hierarchieebene dargestellt.

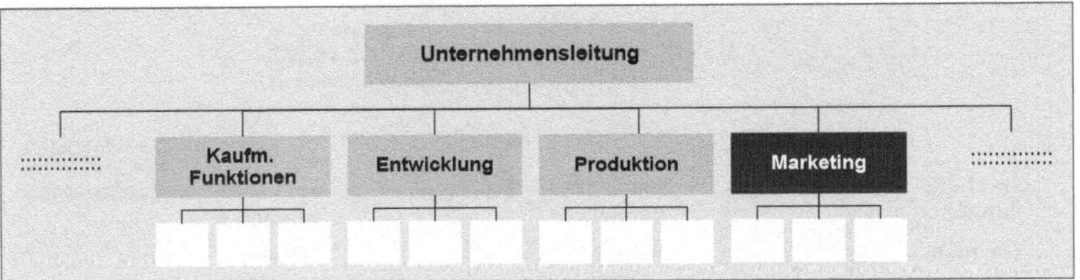

Abb. 2.1 Einordnung des Marketingbereichs in eine funktionale Organisation

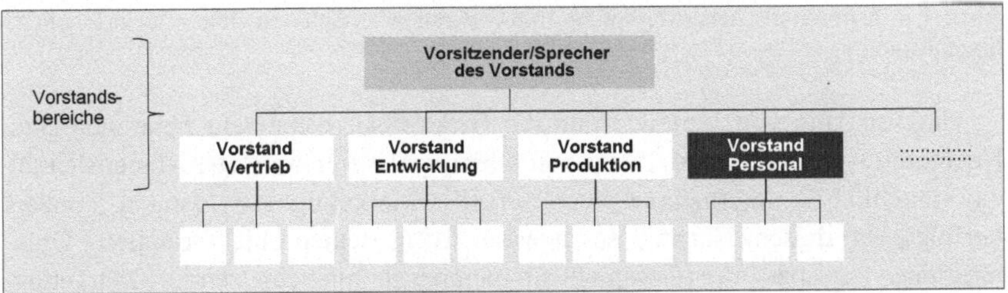

Abb. 2.2 Einordnung des Personalbereichs in eine funktionale Organisation

Einordnung des Personalsektors

Personelle Entscheidungen in Kleinbetrieben werden meistens vom Unternehmer/Geschäftsführer oder vom kaufmännischen Leiter wahrgenommen. Ebenso ist die Lohn- und Gehaltsabrechnung häufig in andere Verwaltungsbereiche (z. B. Buchhaltung) integriert. In mittleren Unternehmen mit funktionaler Ausrichtung ist der Personalsektor entweder der kaufmännischen Leitung oder direkt der Unternehmensleitung unterstellt. In Großunternehmen ist der Personalbereich in aller Regel auf der ersten Hierarchieebene (also im Vorstand oder in der Geschäftsführung) vertreten. In Abb. 2.2 ist eine Einordnung auf der ersten Hierarchieebene skizziert.

2.2 Einordnung in objektorientierte Organisationen

Vornehmlich größere Unternehmen sind nach der Organisationsform der objektorientierten Organisation aufgebaut. Objekte können Produkte, Produktgruppen oder Regionen sein, die dann zu Geschäftsbereichen zusammengefasst werden. Jeder Geschäftsbereich verfügt bei dieser Organisationsform über eigene Marketing- bzw. Personalmanagement-Ressourcen. Auf diese Weise kann ein Marketing bzw. eine Personalpolitik verfolgt werden, die genau auf die spezifischen Anforderungen des jeweiligen Geschäftsbereichs zugeschnitten ist.

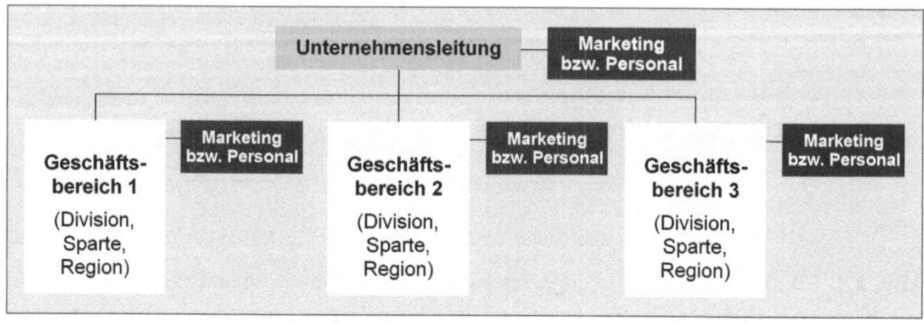

Abb. 2.3 Einordnung des Marketing- bzw. Personalbereichs in eine objektorientierte Organisation

Dies ist dann von Vorteil, wenn die Geschäftsbereiche sehr heterogen sind. Nachteilig ist diese Organisationsform allerdings, wenn die Unternehmensleitung ein einheitliches, unternehmensübergreifendes Marketing- bzw. Personalkonzept verfolgt. Um diesem Nachteil entgegenzuwirken, richten objektorientierte Organisationen auf Ebene der (Gesamt-)Unternehmensleitung eine zentrale Marketing- bzw. Personalabteilung ein, die für die Koordination einer einheitlichen Corporate Identity bzw. für die Koordination einer einheitlichen Personalausrichtung zuständig ist.

Abbildung 2.3 zeigt die organisatorische Eingliederung des Marketingbereichs (bzw. des Personalbereichs) in eine Spartenorganisation mit einer zusätzlichen zentralen Stabsstelle auf der ersten Stufe der Unternehmenshierarchie. In dieser Stabstelle ist zumeist auch die zentrale Öffentlichkeitsarbeit angesiedelt.

2.3 Einordnung in Matrixorganisationen

Bei der Matrixorganisation wird der funktionale Aspekt mit der objektorientierten Sichtweise verknüpft. Damit soll sichergestellt werden, dass die spezifischen Marketing- bzw. Personalanforderungen der Geschäftsbereiche von vornherein mit den unternehmensweiten Marketing- bzw. Personalleitlinien vereinbart werden (siehe Abb. 2.4).

Durch die nicht eindeutige Kompetenzabgrenzung, die der Matrixorganisation inne liegt, kann es allerdings zu Konfliktfällen kommen. Viele Unternehmen nehmen diese nicht eindeutigen Weisungsbeziehungen in Kauf und setzen auf die Kooperationsfähigkeit des jeweiligen Managements.

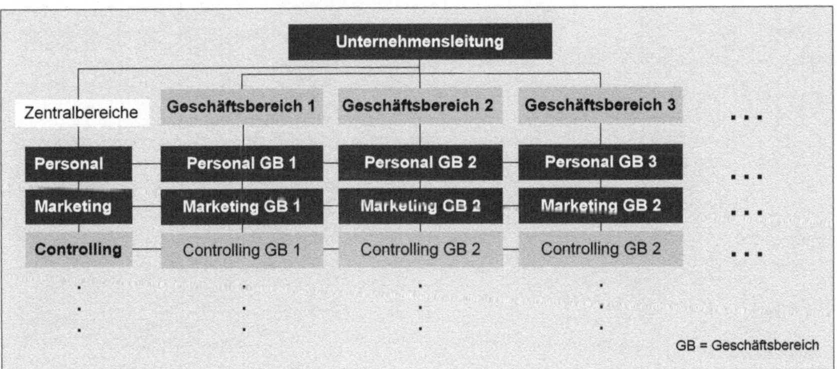

Abb. 2.4 Einordnung des Marketing- bzw. Personalsektors in eine Matrixorganisation

Insbesondere international agierende Unternehmen, die sehr gute Erfahrungen mit der Matrixorganisation gemacht haben, gehen noch einen Schritt weiter, in dem sie **dreidimensional gekreuzte Organisationen** aus Funktionen, Geschäftsbereichen und Geografie (Länder) entwickeln und einführen.

Organisationsformen der Enabling-Bereiche 3

Ebenso wie für die Unternehmensorganisation insgesamt lassen sich sowohl für den Marketingbereich als auch für den Personalsektor im Detail die organisatorischen Grundformen, nämlich die funktionale, die objektbezogene und die matrixbezogene Ausrichtung, anwenden.

3.1 Herkömmliche Organisationsformen

3.1.1 Funktionale Ausrichtung

Marketing
Bei der funktionalen Ausrichtung erfüllt der Marketingbereich seine Aufgaben entsprechend der Marketingfunktionen wie z. B. Marketingplanung, interne und externe Kommunikation, Marketingservices, Online-Marketing oder Marktforschung (siehe Abb. 3.1). Diese Organisationsform ist gekennzeichnet durch eine *zentrale Ausrichtung*, d. h. eine Leitungsperson (Marketingchef) koordiniert die direkt untergeordneten Abteilungen und hat die zentrale Entscheidungsgewalt aller Marketing-bezogenen Fragen. Ein weiteres Kennzeichen ist das *Einliniensystem*, d. h. eine Unterabteilung des Marketingbereichs erhält ihre Aufträge und Anweisungen ausschließlich von einer einzigen übergeordneten Stelle bzw. Instanz.

Vorteile dieser funktionalen Ausrichtung sind die hohe Spezialisierung einerseits und die eindeutig geregelten Zuständigkeiten anderseits. Nachteilig wirkt sich allerdings aus, dass die (internen) Kunden des Marketingsektors (Geschäftsführung, Vertrieb, Entwicklung etc.) unterschiedliche Ansprechpartner haben und damit bei komplexen und organisationsübergreifenden Fragen keine zielgerichtete Kommunikation stattfinden kann. Auch führt die klare Ressortabgrenzung im Mar-

D. Lippold, *Organisationsstrukturen von Stabsfunktionen,* essentials,
DOI 10.1007/978-3-658-12662-9_3

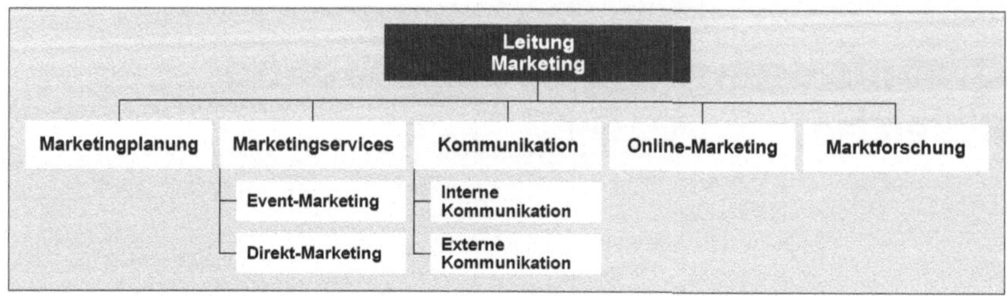

Abb. 3.1 Funktionsorientierte Organisationsstruktur des Marketingbereichs

keting häufig zu Ressortegoismen und *„Silodenken"*. Generell lässt sich feststellen, dass die funktionale Organisation des Marketingsektors eher in kleineren und mittleren Unternehmen zum Tragen kommt.

Personal

Bei der funktionalen Perspektive koordiniert eine Leitungsperson (Personalchef) die direkt untergeordneten Abteilungen, die für die Personalfunktionen (z. B. Personalplanung, Personalbeschaffung, Personalentwicklung, Personalbetreuung, Personalentlohnung) zuständig sind (siehe Abb. 3.2). Diese Leitungsperson hat zugleich die zentrale Entscheidungsgewalt aller personalwirtschaftlichen Fragen. Ein weiteres Merkmal ist auch hier das *Einliniensystem*. Es ist dadurch gekennzeichnet, dass eine Unterabteilung des Personalsektors ihre Aufträge und Anweisungen ausschließlich von einer einzigen übergeordneten Stelle bzw. Instanz erhält.

Die Vorteile der funktionalen Ausrichtung liegen zum einen in der hohen Spezialisierung der Aufgabenbereiche (Funktionen) und zum anderen in den eindeutig geregelten Zuständigkeiten. Von Nachteil ist, dass für die Kunden des Personalsektors (Mitarbeiter, Führungskräfte etc.) die verschiedensten Ansprechpartner zur Verfügung stehen und damit bei organisationsübergreifenden Fragen keine zielgerichtete Kommunikation stattfinden kann. Auch kann durch die klare Ressortabgrenzung im Personalsektor (ebenso wie im Marketingbereich) die ganzheitliche Sichtweise verloren gehen. Generell lässt sich feststellen, dass die funktionale Organisation des Personalsektor eher in kleineren und mittleren Unternehmen zum Tragen kommt (vgl. Bartscher et al. 2012, S. 157 f.).

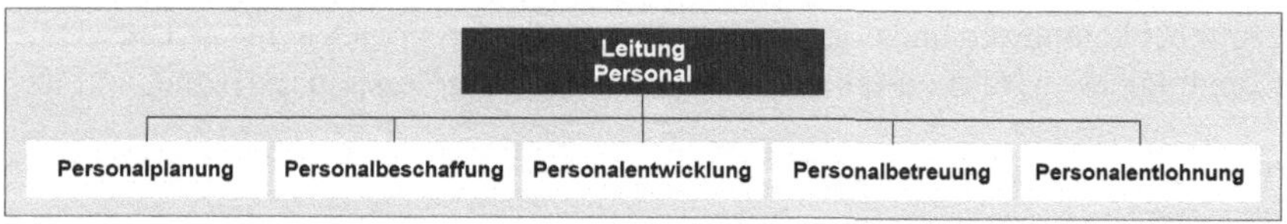

Abb. 3.2 Funktionsorientierte Organisationsstruktur des Personalsektors

3.1.2 Objektbezogene Ausrichtung

Marketing

Im Rahmen der objektbezogenen Perspektive wird der Marketingbereich nach Objekten aufgeteilt und zugeordnet. Objekte können dabei Marktsektoren, Unternehmensbereiche (Divisionen) oder auch Produktgruppen sein (siehe Abb. 3.3). Auch hier werden die einzelnen Organisationseinheiten von einem Marketingleiter koordiniert. Bei dieser organisatorischen Ausrichtung haben interne Kunden in der Regel einen festen Ansprechpartner, der auf die besonderen Bedürfnisse jeder einzelnen Objektgruppe ausgerichtet ist. Die Gefahr der objektbezogenen Struktur liegt darin, dass sich die einzelnen Marketingbereiche verselbständigen und eigenständige Konzepte, Instrumente und Lösungen entwickeln. Die Gefahr ist immer dann besonders groß, wenn die Objektbereiche sehr unterschiedlich sind und eine besondere Stellung für sich beanspruchen. Die objektbezogene Ausrichtung der Marketingaktivitäten kommt naturgemäß eher in größeren, zumeist auch international agierenden Unternehmen zur Anwendung.

Abbildung 3.3 zeigt drei verschiedene objektorientierte Ausrichtungen des Marketingbereichs.

Darüber hinaus wird in vielen Unternehmen eine Mischform aus funktionaler und objektbezogener Marketing-Organisation praktiziert.

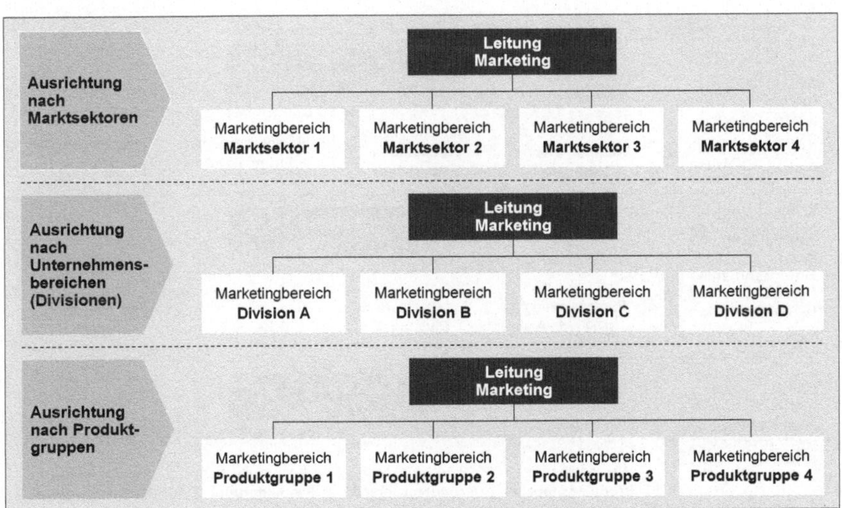

Abb. 3.3 Objektorientierte Organisationsstrukturen des Marketingbereichs

Personal

Im Rahmen der objektbezogenen Organisationsform wird die Personalarbeit nach Mitarbeitergruppen, Unternehmensbereichen oder Produktgruppen aufgeteilt. Koordiniert werden die einzelnen personalwirtschaftlichen Organisationseinheiten, die unabhängig voneinander arbeiten, durch den Personalleiter. Vorteilhaft bei dieser Organisationsform ist die feste Zuordnung der internen Kunden zu den Ansprechpartnern aus dem Personalsektor, die auf die besonderen Bedürfnisse jeder einzelnen Objektgruppe ausgerichtet sind. Nachteilig kann sich die objektorientierte Organisationsform dadurch auswirken, dass die Generalisierung in den einzelnen Personalabteilungen zu einem Defizit an Spezialwissen führt. Ein besonderer Nachteil kann dadurch auftreten, dass es durch die Verschiedenheit der zu bedienenden Anspruchsgruppen zu einer Verselbständigung der jeweiligen Personalarbeit kommen kann, in dem jeder Bereich für sich eigenständige Konzepte, Instrumente und Lösungen entwickelt. Um diesem Nachteil entgegenzuwirken, wird in vielen Unternehmen eine Mischform aus funktionaler und objektbezogener Organisation praktiziert. Die objektbezogene Ausrichtung der Personalaktivitäten kommt naturgemäß eher in größeren, zumeist international agierenden Unternehmen zum Einsatz (vgl. Bartscher et al. 2012, S. 159).

Abbildung 3.4 zeigt drei verschiedene objektorientierte Ausrichtung des Personalsektors. Darüber hinaus wird in vielen Unternehmen auch für den Personalsektor eine Mischform aus funktionaler und objektbezogener Marketing-Organisation praktiziert.

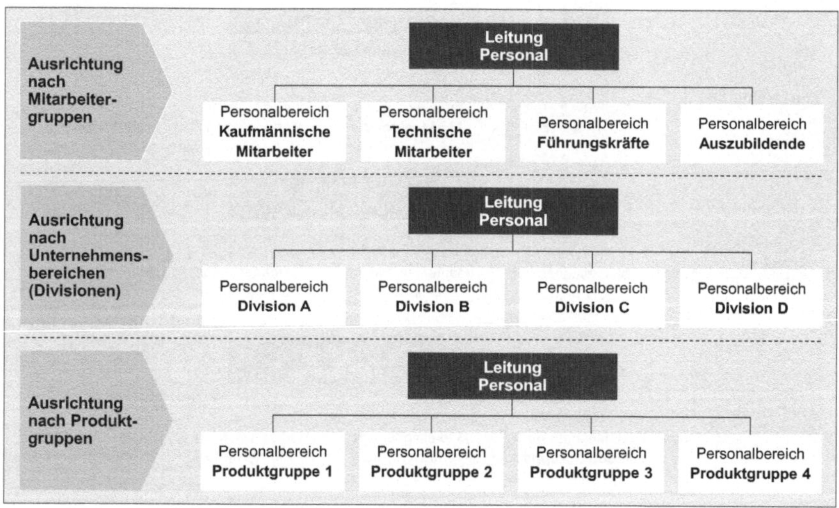

Abb. 3.4 Objektorientierte Organisationsstrukturen des Personalbereichs

3.1.3 Matrixbezogene Ausrichtung

Die bekannteste dieser Mischformen ist die Matrixorganisation, die in der Marketingwelt durchaus beliebt ist. Im Mittelpunkt steht dabei die klassische Produktmanager-Organisation, die typisch für viele Unternehmen im B2C-Bereich ist. Ein **Matrix-Produktmanagement** liegt dann vor, wenn den Produktmanagern auch formal fachliche Weisungsbefugnisse gegenüber den Funktionsbereichen eingeräumt werden. Damit kommt es zu (gewollten) Kompetenzüberschneidungen, die einzelfallbezogen zu regeln sind. Eine adäquate Ausrichtung in Form einer Matrix ist in der Personalarbeit weniger üblich.

3.2 Moderne Organisationsformen

3.2.1 Einflussfaktoren

Der organisatorische Aufbau der verschiedenen Enabling-Bereiche ist von einigen wesentlichen Einflussfaktoren abhängig. Neben der Größe des Unternehmens und der Bedeutung, die dem jeweiligen Enabling-Bereich grundsätzlich beigemessen wird, zählen zu diesen Einflussfaktoren die

- Einsatzbreite und -tiefe der **technologischen Infrastruktur** insbesondere unter dem Aspekt der software: und medientechnischen Unterstützung
- Bereitschaft zur Umsetzung des **Business Process Outsourcing** („Make-or-buy") in Verbindung mit dem allgegenwärtigen Kostendruck auf alle administrativen Bereiche
- Umsetzungsqualität des **Business-Partner-Konzepts**.

Speziell für die Organisation des **Marketingbereichs** gelten zusätzlich folgende Einflussfaktoren

- Breite und Tiefe des **Aufgabenspektrums**, das das Marketingmanagement zu bewältigen hat
- Aufgabenteilung und Beziehung zwischen den beiden Bereichen **Marketing** und **Vertrieb.**

Für den **Personalsektor** können zusätzlich folgende Einflussfaktoren ausgemacht werden:

- Breite und Tiefe des **Aufgabenspektrums**, das die Personaler zu bewältigen haben
- **Betreuungsquote**, die als Kennzahl die Anzahl der Mitarbeiter des Unternehmens zur Anzahl der Mitarbeiter des Personalsektors in Beziehung setzt.

Je nachdem inwieweit diese Einflussfaktoren berücksichtigt werden, lassen sich darauf aufbauend eine Vielzahl unterschiedlicher Organisationsformen entwickeln. Es würde im Rahmen dieser Darstellung zu weit führen, alle Ausprägungen einzeln vorzustellen, da es sich ohnehin nur um intensitätsmäßige Abstufungen eines Organisationsmodells handelt.

3.2.2 Organisationskriterien im Marketingbereich

Die **Breite und Tiefe der vom Marketing zu bewältigenden Aufgaben** steht naturgemäß in enger Beziehung zur Größe, Marktausdehnung und Branche des Unternehmens. Von besonderer Bedeutung ist dabei, ob das Unternehmen im B2B- oder im B2C-Bereich tätig ist. Dennoch lassen sich auch (und gerade) bei großen und bedeutungsvollen Marketingbereichen eine Reihe von Aktivitäten auslagern.

In Abb. 3.5 sind die Organisationseinheiten eines Marketingbereichs mit einem relativ breiten Aufgabenspektrum dargestellt. Diese Organisationsform spiegelt als Matrix quasi die Organisation des Gesamtunternehmens wider.

Darauf aufbauend sollen dann einige Organisationsansätze vorgestellt werden, bei denen eine stärkere Dezentralisierung im Vordergrund steht.

Neben Breite und Tiefe der Marketingaufgaben spielt auch die **Aufgabenteilung** und Beziehung zwischen dem Marketing- und dem Vertriebsbereich eine Rolle bei der organisatorischen Ausrichtung des Marketingsektors. Dabei lassen sich drei grundlegende Typen der Aufgabenverteilung ausmachen (vgl. Homburg und Krohmer 2009, S. 1098 unter Bezugnahme auf Homburg et al. 2005, S. 6):

- **Dominanz des Vertriebs**, d. h. der Vertrieb ist die strategische und operative Führungsabteilung, für die das Marketing hauptsächlich Serviceaufgaben in den Bereichen Werbung und Marktforschung erfüllt. Diese Aufgabenteilung ist vornehmlich in technisch orientierten Branchen (Maschinenbau, Zulieferindustrie) sowie im Finanz- und Versicherungsbereich zu finden.
- Marketing und Vertrieb mit **paritätischer Arbeitsteilung**, d. h. die Aufgaben sind relativ gleichgewichtig aufgeteilt: Der Vertrieb ist zuständig für Preise und Verkaufsaktivitäten, das Marketing ist vorwiegend verantwortlich für Produktmanagement und Werbung. Charakteristisch ist diese Aufgabenteilung für die Konsumgüterbranche.

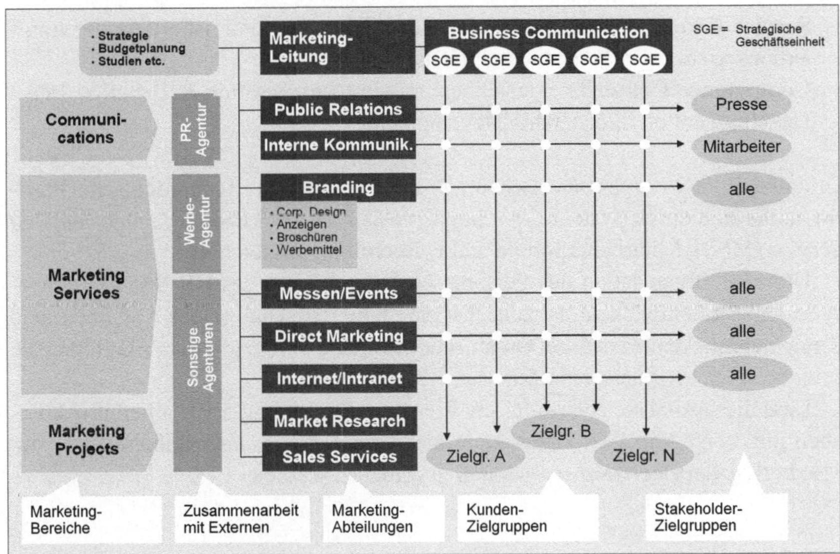

Abb. 3.5 Organisationseinheiten eines Marketingbereichs mit relativ breitem Aufgabenspektrum

- **Dominanz des Marketings**, d. h. das Marketing übernimmt die strategische und operative Führungsrolle, während der Vertrieb vorwiegend Kundenbetreuungsaufgaben wahrnimmt. Typisch für diese Aufgabenteilung ist die chemische Industrie mit großem Mengenabsatz sowie Unternehmen des Finanzdienstleistungsbereichs mit einem starken Endkundengeschäft.

3.2.3 Organisationskriterien im Personalbereich

Die Berücksichtigung der unter Abschn. 3.2.1 aufgeführten Einflussfaktoren bzw. Rahmenbedingungen haben zur Weiterentwicklung der Organisationsformen nahezu aller „zentralen Dienste" (Marketing, Personal, Controlling etc.) geführt. So hat sich im Personalsektor ein Organisationsmodell entwickelt, das sich vor allem bei größeren, international agierenden Unternehmen als **„Trias der HR-Organisation"** durchgesetzt hat. Hinter diesem Begriff steht ein **HR Service Delivery-Modell** mit folgenden drei Organisationsmoduln (vgl. HR-Barometer 2011, S. 14):

- **Business Partner** zur individuellen Beratung und Betreuung von Führungskräften und Mitarbeitern der Gesamtorganisation,

- **Service Center** zur reibungslosen und effizienten Administration aller transaktionsorientierten Personalaktivitäten,
- **Competence Center**für Spezialthemen wie Compensation & Benefits, Talent Development und Leadership Development.

Grundlage dieses organisatorischen „Dreiklangs" ist eine **technologische Plattform**, die sich durch Systeme wie *Employee Self Service* (ESS), *Management Self Service* (MSS), Mitarbeiterportale und E-Recruiting auszeichnet.

Um eine Organisation des Personalsektors auf Basis des HR Service Delivery-Modells zu entwickeln, ist zunächst eine konkrete Analyse des Aufgaben- und Kompetenzspektrums der drei Organisationsmodule durchzuführen. Abbildung 3.6 zeigt beispielhaft eine solche Analyse.

Dass diese Analyse ebenso für die Ein- bzw. Zuordnung der Marketing-Aktivitäten gilt, zeigt Abb. 3.7. Daher kann hier – analog zum Personalbereich – vom **Marketing-Service-Delivery-Modell** gesprochen werden.

Organisationsmodul	Competence Center	Business Partner	Service Center
Bereich	Strategic HR	Relationship HR	Transactional HR
Ausrichtung	Strategisch, Leadership-orientiert	Kunden- bzw. Mitarbeiter-orientiert	Service-orientiert
Kompetenzen	**HR Experten** • Verantwortlich für spezielle Themen • Grundsatzfragen und Richtlinien (geben Richtung und Stabilität vor) • HR-Expertise	**HR Business Partner** • Verantwortlich für HR-Leistungen im Rahmen der Geschäfts(bereichs)ziele • Kontaktpartner für Management und Mitarbeiter • Hohe Flexibilität	**HR Administratoren** • Administrative Leistungen zur Unterstützung der HR • Kostenoptimierte Dienstleistungen • Definierte Standards, hohe Volumina
Aufgaben	Bearbeitung von Top-Themen wie • Entwicklung HR-Policies • Anreiz- und Vergütungssystem • Demografie Management • Employer Branding • Talent Management • Leadership Management	Bearbeitung beziehungs-orientierter Themen wie • Personalauswahl • Personalintegration • Karriereberatung • Zielvereinbarungen • Year-End-Reviews • Onboarding • Coaching	Bearbeitung administrativer Themen wie • Personalabrechnung inkl. Steuern/Versicherungen • Personalentsendungen • E-Recruiting • Flexible Benefits • Deferred Compensation • Self Services
Organisation	**Zentral** (als Corporate Center)	**Dezentral** (Zuordnung zu Geschäftsbereichen)	**Zentral** (als Service Center)

Abb. 3.6 Aufgaben- und Kompetenzspektrum des HR Service Delivery-Modells

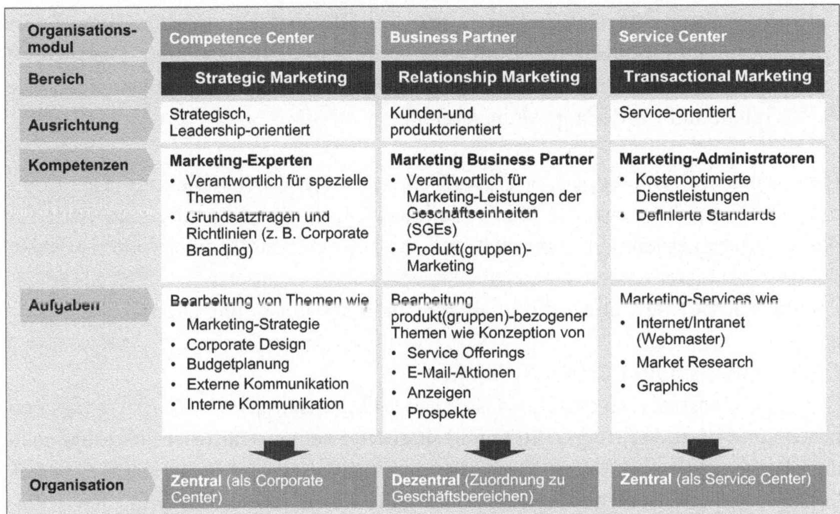

Abb. 3.7 Aufgaben- und Kompetenzspektrum des Marketing-Service-Delivery-Modells

3.2.4 Business-Partner-Modell

Die Zusammenfassung der drei Organisationsbausteine **Business Partner**, **Service Center** und **Competence Center** wird auch als **Business-Partner-Modell** bezeichnet. Dabei lassen sich die drei Organisationsmoduln wie folgt charakterisieren:

Organisationsmodul Competence Center

Im strategisch ausgerichteten *Competence Center* (→ *Strategic Marketing bzw. Strategic HR*) ist die gesamte Marketing- bzw. HR-Expertise des Unternehmens zusammengefasst.

- Die Mitarbeiter dieses Organisationsmoduls sind hochspezialisiert und befassen sich im **Marketingbereich** mit Themen wie die Entwicklung von Marketingstrategien, die Entwicklung und Umsetzung des Corporate Branding und des Corporate Design. Auch die interne und externe Unternehmenskommunikation sollte im Competence Center verankert sein.

- Im **Personalbereich** befassen sich die HR-Spezialisten mit Themen wie personale Grundsatzfragen, Anreiz- und Vergütungssystemen, Demografie Management, Employer Branding sowie Personalentwicklungsthemen wie Talent und Leadership Management.

Unmittelbarer Ansprechpartner dieses Centers ist die Geschäftsleitung. Das Competence Center ist eher **zentral** zu organisieren, weil die notwendige Expertise für das Gesamtunternehmen gebündelt und nur an einer Stelle vorgehalten werden sollte. Dazu bietet es sich an, das hoch spezialisierte Competence Center als so genanntes **Corporate Center** direkt an die Unternehmensleitung anzubinden.

Organisationsmodul Business Partner

Das Aufgabenspektrum des Business Partner-Organisationsmoduls ist vorwiegend prozessorientiert. Führungskräfte und Mitarbeiter der Geschäftsbereiche sind nach dem Prozessmodell (interne) Kunden und zugleich (interne) Lieferanten der Marketing- bzw. HR-Business Partner. Diese hohe Beziehungsorientierung (engl. *Relationship*) führt zur Bezeichnung „*Relationship Marketing*" bzw. „Relationship HR".

- Die **Marketing-Business Partner** sind im Wesentlichen zuständig für das **Produktmanagement** und ggf. für das **Category Management**. Um im Rahmen dieses Prozessmodells der Anforderung nach Kundennähe (im Sinne von Geschäftsbereichs- oder Produktnähe) gerecht werden zu können, ist dieses Organisationsmodul **dezentral** bzw. in Form einer Matrix zu organisieren.
- Als Ansprechpartner für Management und Mitarbeiter sind die **HR-Business Partner** u. a. zuständig für die Personalauswahl und -integration, für die Betreuung und Beratung im Rahmen der Karriereplanung und für die Planung und Durchführung der Jahresendgespräche (engl. *Year-End-Review*) im Rahmen des Performance Management Systems. Um im Rahmen dieses Prozessmodells der Anforderung nach Kundennähe gerecht werden zu können, ist dieses Organisationsmodul **dezentral** zu organisieren.

Organisationsmodul Service Center

Im Organisationsmodul *Service Center* sind alle transaktionsorientierten Marketing- bzw. HR-Dienstleistungen („*Transactional Marketing*" bzw. „Transactional HR") gebündelt.

- Im **Marketing** handelt es sich in erster Linie um klassische Services wie Marktforschung, Internet/Intranet-Services, grafische Unterstützung, Events und Kampagnen.
- Im **Personalbereich** handelt es sich um Dienstleistungen mit einem hohen Transaktionsvolumen wie die Personalabrechnung inkl. Steuern und Versicherungen, Personalentsendungen (bei international agierenden Unternehmen), die Verwaltung von *Cafeteria-Modellen*, *Zeitwertkonten*, *Flexible Benefits* und *Deferred Compensation* sowie das E-Recruiting. In diesem Organisationsmodul sollte auch die technologische Plattform mit seinem Angebot an Self Services verwaltet werden.

Ähnlich wie das Competence Center sollte auch das Service Center **dezentral** organisiert sein, da solche kostenoptimierte Dienstleistungen ebenfalls nur an einer Stelle des Unternehmens administriert werden sollten. Da sich alle Geschäftsbereiche die in diesem Center angebotenen Dienstleistungen teilen, wird es auch als **Shared Service Center** bezeichnet.

In Abb. 3.8 bzw. 3.9 sind die einzelnen Aufgaben der drei Organisationsmodule zu Aufgabenbereichen zusammengefasst und für den Marketingbereich bzw. den Personalbereich im Überblick dargestellt.

Gliedert man diese Organisationsstruktur in eine Gesamtorganisation ein, die nach Geschäftsbereichen strukturiert ist, so bietet es sich an, die zentralen Organisationsmodule auf der hierarchischen Ebene der Unternehmensleitung anzubinden. Das für das Marketing bzw. Personal zuständige Vorstands- oder Geschäftsfüh-

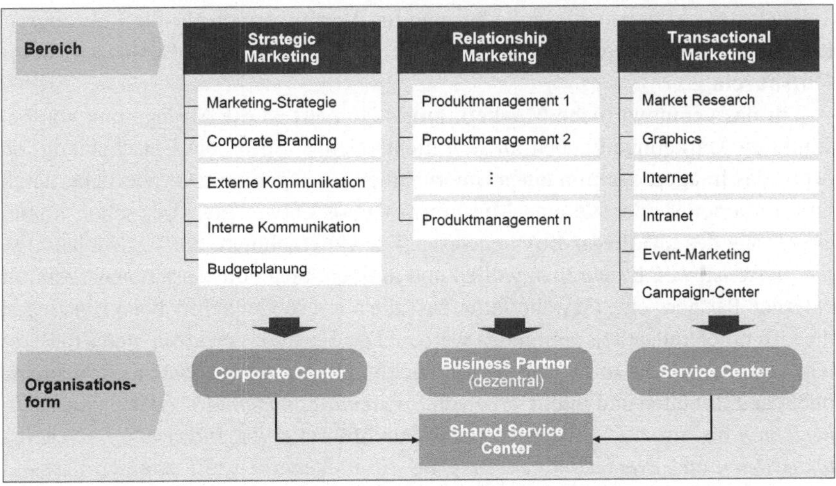

Abb. 3.8 Aufgabenbereiche der drei Marketing-Organisationsmodule

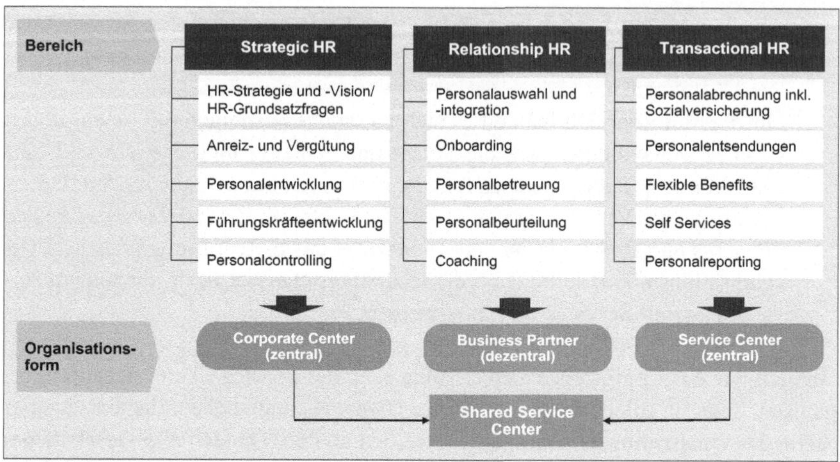

Abb. 3.9 Aufgabenbereiche der drei personalen Organisationsmodule

rungsmitglied hätte dann unmittelbare Weisungsbefugnis sowohl für das Corporate Center als auch für das Shared Service Center (siehe hierzu die Darstellung in Abb. 3.10). Die Business Partner-Organisation ist dagegen dezentral organisiert, d. h. jedem Geschäftsbereich sind die zugehörigen Marketing- bzw. HR-Business Partner direkt zugeordnet.

Die oben skizzierte organisatorische Anbindung ließe sich aber auch dahingehend modifizieren, dass das gesamte Shared Service Center oder bestimmte Teile (Prozesse) davon ausgegliedert und die Verantwortung für die Leistungserbringung an Dritte übertragen werden. Man spricht hierbei vom **Business Process Outsourcing**.

Für das verantwortliche **Marketingmanagement** ist die Auslagerung von bestimmten Marketingaufgaben *an sich* nichts Neues. So ist die Entscheidung, ob bspw. das Imageprogramm eines Unternehmens in Eigenregie verwirklicht, durch Dritte erarbeitet oder als eine Mischform daraus entwickelt wird, schon immer eine Frage des **„Make-or-buy"** gewesen. Für Unternehmen, die das Neuland *Öffentlichkeitsarbeit* beschreiten wollen und müssen, bietet die Zusammenarbeit mit externen Partnern eine Gewähr dafür, dass die allergrößten Fehler beim Einstieg in die Öffentlichkeitsarbeit vermieden werden. Das Leistungsspektrum von PR-Beratern und -Agenturen reicht von der Entwicklung einer zieladäquaten *PR-Strategie* über das Erarbeiten und Publizieren von *Pressemitteilungen*, *Anwender-* und *Fachberichten* bis hin zur Vorbereitung und Durchführung von *Interviews*, *Journalistenaktionen* und *Pressekonferenzen*. Eine Zusammenarbeit mit externen Partnern empfiehlt sich vor allem auch für kleinere Unternehmen, die einen eigenen PR-

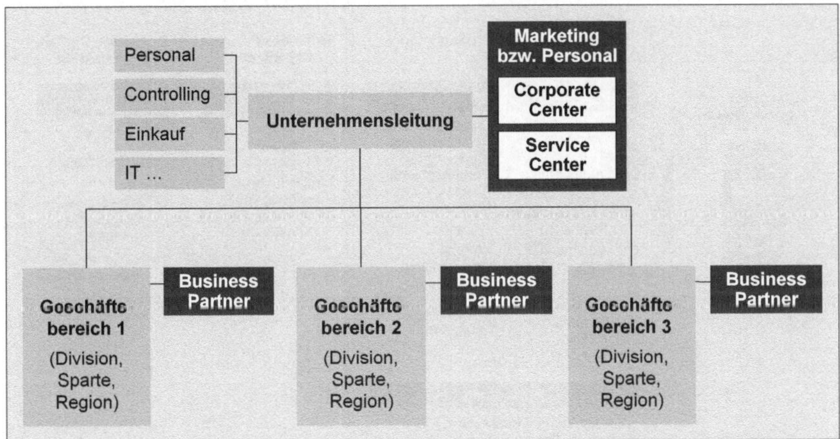

Abb. 3.10 Organisatorische Zuordnung der drei Organisationsmodule

Mitarbeiter nicht auslasten können. In größeren Unternehmen sollte ein PR-Referent als Ansprechpartner für Journalisten und Unternehmensleitung präsent sein. Dabei ist jedoch zu prüfen, ob nicht ein Outsourcing verschiedener PR-Aktivitäten kostengünstiger ist (vgl. Bürger 1989, S. D1).

3.2.5 Self Service Center

Self Service Center sind nur im Personalbereich relevant. Unter Self Services werden automatisierte Dienstleistungen verstanden, die vom Mitarbeiter selbst nachgefragt werden. Grundlage ist eine Intranet-basierte Serviceplattform als technische und organisatorische Schnittstelle zum Mitarbeiter. Sie dient der Informationsbereitstellung und Abwicklung von administrativen Prozessen. Die Serviceplattform optimiert HR-Prozesse durch Automatisierung und elektronische Integration von Arbeitsabläufen.

Grundsätzlich werden im Bereich der Self Services zwischen

- Employee Self Services (ESS) und
- Manager Self Services (MSS)

unterschieden.

Bei den **Employee Self Services** erfolgt der Zugang über ein Mitarbeiterportal. Wichtige Anwendungsfelder sind die Anforderung von Entgeltnachweisen und -abrechnungen, die Erstellung und Änderung eines Urlaubs- oder Reiseantrags, die

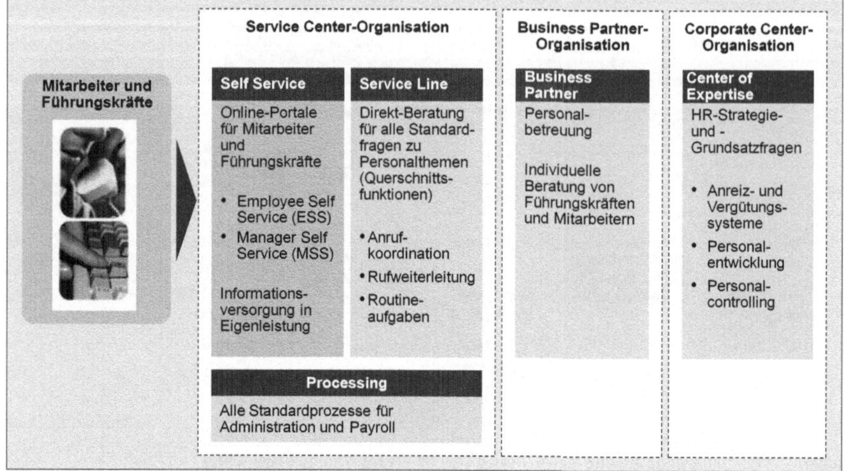

Abb. 3.11 Einbindung der Self Services in die Service Center-Organisation

Buchung oder Stornierung einer Schulungsmaßnahme sowie die Verwaltung von persönlichen Informationen wie Anschrift oder Bankverbindung. Das Mitarbeiterportal fungiert außerdem als zentrale Ausschreibungs- und Bewerbungsplattform für die interne Stellenausschreibung. Darüber hinaus sind Eingaben im Rahmen des jährlichen Mitarbeiterbeurteilungsprozesses möglich.

Der Zugang zu **Manager Self Services** erfolgt über das Managerportal, das die Führungskraft direkt in Workflow- und Freigabeprozesse einbindet. Manager können über die Portalfunktionen Reisekosten, Budgets von Projekten oder den Mitarbeiterbeurteilungsprozess überwachen. Besonders wichtig sind in diesem Zusammenhang der ständige Zugang zu Informationen über Gehaltsentwicklungen, Mitarbeiterbeurteilungen und Mitarbeitergespräche sowie die Verfolgung relevanter Bewerbungsprozesse.

Es bietet sich an, die Self Services in die **Service Center-Organisation** einzubinden. In Abb. 3.11 ist ein Organisationsmodell dargestellt, dass eine eindeutige Trennung von Leistungserbringung, Beratung und Steuerung aller Aktivitäten des Personalsektors vorsieht.

Mit der Einführung von Self Services ist eine ganze Reihe von Qualitätsvorteilen verbunden (vgl. Appel 2011, S. 6):

- Hochwertige Personalberatung durch konsequente Kundenorientierung in der Leistungserbringung
- Optimierter Informationszugang durch Informationsversorgung des Mitarbeiters in Eigenleistung und bessere Erreichbarkeit der Informationswege

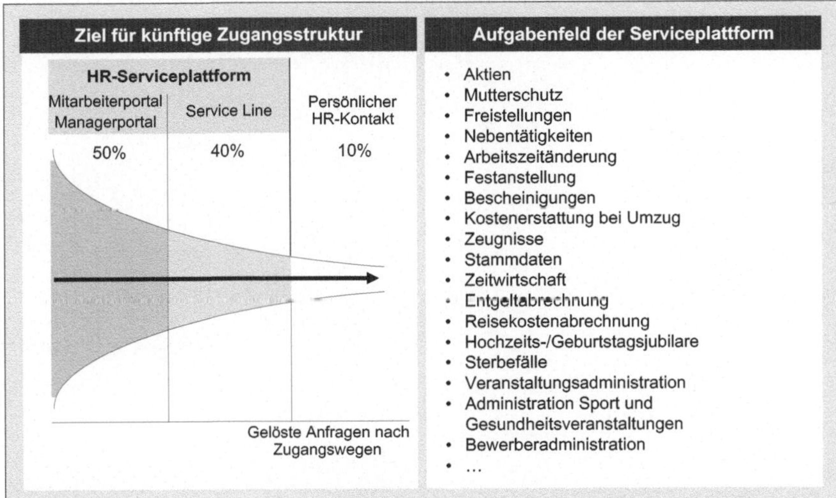

Abb. 3.12 HR-Serviceplattform bei BASF

- Reduktion von Suchzeiten durch klare Zuständigkeiten und Verantwortlichkeiten der Personalfunktionen
- Schnellere Prozessbearbeitung, d. h. kürzere Durchlauf-/Antwortzeiten durch Reduktion von Schnittstellen und Medienbrüchen.

Neben den Qualitätsvorteilen sind folgende Kostenvorteile in Verbindung mit Self Services zu nennen (vgl. Appel 2011, S. 6):

- Skalenvorteile durch Bündelung und Standardisierung administrativer Routinetätigkeiten und Prozessbestandteile
- Verlagerung auf „preiswerte" Informationswege durch Nutzung von Mitarbeiter- und Managerportalen sowie der Service Line
- Effizienter Einsatz der Personalressourcen durch aufgabenadäquate Leistungs- und Qualifikationsprofile in der Service Line
- Kurzfristig und langfristig flexibler Einsatz von Mitarbeitern in der Service Line z. B. durch Einsatz von Jobrotation.

Durch den Einsatz von Self Services in Verbindung mit einer Service Line verspricht sich beispielsweise das Chemieunternehmen BASF eine Reduktion der persönlichen Kontakte mit Mitarbeitern des Personalbereichs auf ca. 10 % (siehe Abb. 3.12).

Auslagerung von Organisationseinheiten

4

Bei den nachfolgenden organisatorischen Betrachtungen geht es über die Frage des „Make-or-buy" hinaus um die Entscheidung, ob bestimmte Enabling-Prozesse, die bislang lokal im Unternehmen durchgeführt wurden, nun zentral für alle Unternehmensbereiche angeboten werden und organisatorisch ausgegliedert werden sollten.

4.1 Shared Service Center

Seit einigen Jahren zeichnet sich der Trend ab, unterstützende Geschäftsprozesse aus einzelnen Unternehmensbereichen herauszulösen und als **Shared Service Center (SSC)** zu einer bereichsübergreifenden Organisationseinheit zusammenzufassen. Es handelt sich dabei um interne, zentrale Organisationseinheiten, die ihre Dienstleistungen nun für alle Unternehmensbereiche an verschiedenen Standorten anbieten. Sie versprechen für die Durchführung der Prozesse messbare wirtschaftliche Vorteile und ein höheres Maß an Kundenorientierung. Im Gegensatz zur klassischen Zentralisierung von unterstützenden Funktionen (engl. *Support Functions*) wird das Shared Service Center als eigenständige Einheit geführt. Einen Konzeptvergleich zur klassischen Zentralisierung sowie zur Dezentralisierung von Support-Funktionen liefert Abb. 4.1.

Mit der Einrichtung eines Shared Service Center werden grundsätzlich folgende Ziele verfolgt:

- **Messbarkeit** der Dienstleistungen hinsichtlich Qualität, Kosten und Zeit
- Festgelegte **Leistungserbringung und -kontrolle** anhand von Service Level Agreements
- **Kostenreduktion** durch Standardisierung der Prozesse sowie durch Nutzung von Skalenerträgen, Synergien und Stellenabbau;

D. Lippold, *Organisationsstrukturen von Stabsfunktionen,* essentials,
DOI 10.1007/978-3-658-12662-9_4

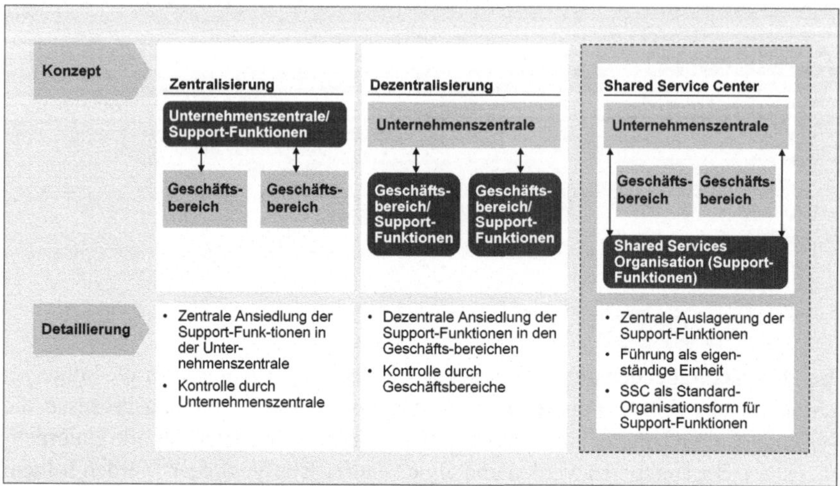

Abb. 4.1 Konzept und Detaillierung des Shared Service Center

- Eindeutige (Prozess- und Produkt-)**Verantwortlichkeiten** bei gleichzeitiger Entlastung der Personalbetreuer von unterstützenden Aufgaben
- Steigerung der **Prozessqualität**
- Sicherstellung definierter **Qualitätsstandards**
- Konzentration auf **Kernprozesse** in den Geschäftseinheiten
- **Wettbewerbsfähigkeit** der Shared Services.

Shared Service Center sind im Personalbereich schon häufiger, im Marketingbereich dagegen derzeit noch selten anzutreffen. Das ist auch das Ergebnis einer empirischen Erhebung der Wirtschaftsprüfungs- und Steuerberatungsgesellschaft KPMG aus dem Jahr 2007. Danach wurden lediglich in einem Prozent der befragten Unternehmen bereits Prozesse im Bereich „Marketing" auf ein Shared Service Center übertragen. Zwar liegen derzeit noch keine neueren Untersuchungen vor, es ist aber davon auszugehen, dass angesichts des immer stärker werdenden Kostendrucks auf alle Unternehmensbereiche auch Teile des Marketingbereichs mit seinen Serviceleistungen von dieser Entwicklung nicht verschont bleiben. Immerhin hatten 2007 bereits 4,5 % der befragten Unternehmen angegeben, im Marketingbereich ein Shared Service Center zu planen. Unter den Prozessen, für die ein Shared Service Center geplant ist, liegt der Bereich „Personal" mit 22,7 % an erster Stelle, gefolgt von Prozessen in den Bereichen „Einkauf" (18,2 %) und „Rechnungswesen" (13,5 %).

Auf Shared Service Center werden Prozesse aus nahezu allen Funktionsbereichen übertragen. Abbildung 4.2 gibt einen Überblick über geplante und bereits realisierte Shared Service Center nach Prozessarten bzw. Bereichen.

Allerdings eignen sich nicht alle Teilprozesse eines Enabling-Bereiches in gleicher Weise, um in ein Shared Service Center ausgelagert zu werden. Abbildung 4.3 liefert eine Aufstellung der besonders geeigneten Anwendungsbereiche.

Das wichtigste Instrument zum erfolgreichen Betrieb eines Shared Service Center ist das **Service Level Agreement** (SLA). Es handelt sich dabei um eine Vereinbarung zwischen dem Center und seinem Kunden und beschreibt die für den Kunden zu erbringenden Leistungsbestandteile und deren Qualität zu einem definierten Preis. Im SLA sind Verantwortlichkeiten, Rechte und Pflichten des Dienstleistungserbringers und dessen Kunden definiert. Zusätzlich bestimmt es die Ansprechpartner auf beiden Vertragsseiten. Inhalt und Umfang der erbrachten Leistungen des Shared Service Center wird mit Hilfe wichtiger Leistungsindikatoren (engl. *Key Performance Indicators – KPI's*) gemessen und ggf. veränderten Geschäftsbedürfnissen angepasst.

4.2 Geografische Auslagerung von Organisationseinheiten (X-Shoring)

Im Zuge der Einrichtung von Shared Service Centern kommt es – nicht zuletzt unter Kostengesichtspunkten – häufig zu Standortverlagerungen. Hierbei wird je nach Entfernung der **geografischen Verlagerung** zwischen folgenden Varianten („*X-Shoring*") unterschieden:

- **Onshoring** – Verlagerung von Aktivitäten an einen anderen Standort im eigenen Land; für deutsche Unternehmen bedeutet Onshoring demnach eine Standortverlagerung innerhalb Deutschlands;
- **Nearshoring** – Verlagerung von Aktivitäten an einen Standort in nahe gelegene Länder; für deutsche Unternehmen bedeutet Nearshoring eine Standortverlagerung in europäische Länder wie z. B. Polen, Rumänien oder Slowakei;
- **Offshoring** – Verlagerung von Aktivitäten an einen Standort in weit entfernte Länder; für deutsche Unternehmen bedeutet Offshoring eine Standortverlagerung z. B. in asiatische Länder wie China, Indien oder Vietnam.

Auslöser für die Entscheidung zur geografischen Auslagerung von Shared Service Center oder sonstigen Organisationseinheiten sind die teilweise günstigeren Rahmenbedingungen im Ausland insbesondere bei den Arbeitskosten. So kann die Verlagerung an einen Near- oder Offshore-Standort durchaus ein beachtliches Einsparungspotenzial bergen.

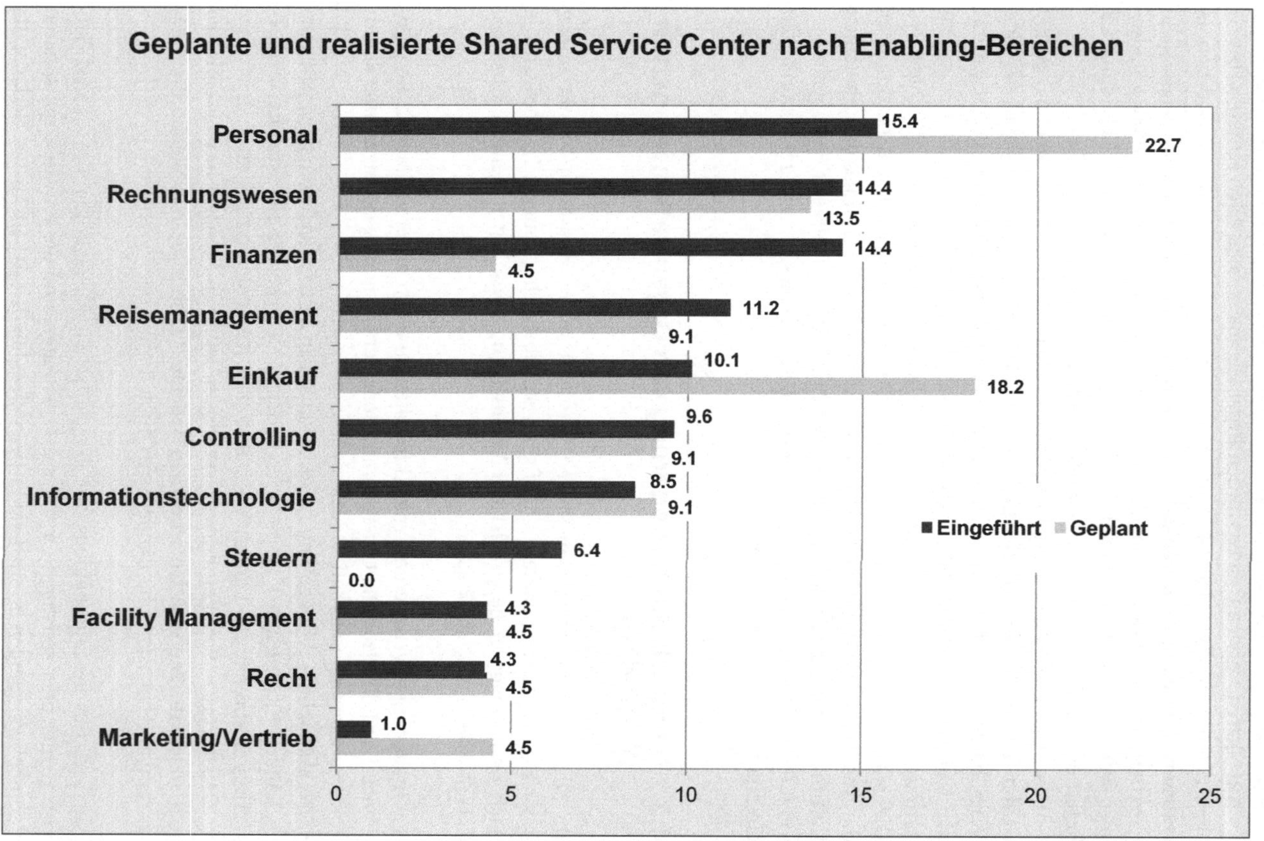

Abb. 4.2 Status quo und zukünftige Betrachtung von Shared Service Centern 2007

Finanz- und Rechnungswesen	Human Resources	IT	Marketing/Vertrieb	Beschaffung
• Hauptbuchhaltung • Kreditoren/ Debitoren • Konzern-Cash-Pooling • Finanzmittel-verwaltung • Ausgaben-abwicklung • Anlagen/Vermö-gensverwaltung • Fremdwährungs-risiko	• Gehaltsabrechnung • Kommission und Prämien • Weiterbildung • Mitarbeiterdaten-verwaltung	• Einheitliches IT-Management • Hardware-und Soft-ware-Beschaffung • Software-Lizenz-Management • ERP-System und Support • Support und Training • Entwicklung und Instandhaltung	• Auftragsabwicklung • Tele-Sales-Management • Telemarketing Management • Reklamierungen und Rücksendungen • Technischer Support • Service-Management	• Warenbestands-management • Logistik • Produktions-management • Datenbank-management • Promotion-management • Vertriebs-management

Abb. 4.3 Bevorzugte Anwendungsbereiche für Shared Services

Onshoring (Deutschland)	Nearshoring (Osteuropa)	Offshoring (Asien)
+ Keine Sprachbarrieren + Deutsches Rechtssystem + Gute Infrastruktur + Technisches Know-how vorhanden + Qualifiziertes Personal + Nähe zum Unternehmen	+ Keine/geringe Sprachbarrieren + Niedrige Lohnkosten + Nähe zu Deutschland + Geringe kulturelle Anpassungen	+ Sehr niedrige Lohnkosten + Flexible Rahmenbedingungen
- Hohe Lohnkosten - Unflexible Rahmen-bedingungen - Arbeitnehmerfreundliches Kündigungsschutzgesetz	- Weniger qualifiziertes Personal verfügbar - Schlechtere Infrastruktur - Größerer Implementierungs-aufwand des Shared Service Center	- Größere Sprachbarrieren - Kulturelle Unterschiede - Fremdes Rechtssystem - Schlechtere Infrastruktur - Weniger qualifiziertes Personal verfügbar - Große räumliche Distanz - Sehr großer Implementierungs-aufwand des Shared Service Center

Abb. 4.4 Vor- und Nachteile von On-, Near- und Offshore-Standorten

Nearshoring-Konzepte bergen den Vorteil von geringeren Risiken und schnelleren Abstimmungen, verbunden allerdings mit höheren Personalkosten im Vergleich zu Offshore-Standorten.

Abbildung 4.4 liefert einen Überblick über die unterschiedlichen Standortfaktoren, die bei der Auslagerung unternehmerischer Funktionen und Prozesse berücksichtigt werden müssen.

Wichtig für die Standortentscheidung sind die Relevanz einzelner Punkte, die Identifizierung der Risikobereitschaft und die Formulierung einer eindeutigen Risiko-Gewinn-Spanne.

4.3 Rechtliche Auslagerung von Organisationseinheiten (Outsourcing)

Im Zusammenhang mit der geografischen Verlagerung von Organisationseinheiten kann auch über die **rechtliche Ausgliederung** von Organisationseinheiten entschieden werden. Die Abgabe der rechtlichen und damit unternehmerischen Verantwortung an ein Drittunternehmen wird als **Outsourcing** bezeichnet. Outsourcing ist damit eine spezielle Form des Fremdbezugs von bisher intern erbrachten Leistungen. Zwischen On-, Near- und Offshoring einerseits und dem Outsourcing anderseits besteht grundsätzlich kein zwingender sachlicher Zusammenhang, obgleich die verschiedenen Begriffe immer wieder zu Missverständnissen führen.

Abbildung 4.5 liefert eine entsprechende begriffliche Abgrenzung.

Vorreiter beim Fremdbezug von bislang intern erbrachten Leistungen ist das IT-Outsourcing. Hierbei dominierte zunächst das infrastrukturorientierte Outsourcing (Hardware, IT-Netze). Aktuell gewinnen aber das anwendungsbezogene Outsourcing (engl. *Application Management*) und das prozessorientierte Outsourcing (engl. *Business Process Outsourcing*) zunehmend an Bedeutung im Rahmen des IT-Outsourcings.

Vorreiter beim Fremdbezug von bislang intern erbrachten Leistungen ist das IT-Outsourcing. Hierbei dominierte zunächst das infrastrukturorientierte Outsourcing (Hardware, IT-Netze). Aktuell gewinnen aber das anwendungsbezogene

		Unternehmerische Verantwortung für die Leistungsquelle	
		Interne Verlagerung (Verantwortung trägt eigenes Unternehmen)	Externe Verlagerung (Verantwortung trägt Drittunternehmen) → **Outsourcing**
Geografische Verlagerung	Onshoring	Captive Onshoring	Onshore Outsourcing
	Nearshoring	Captive Nearshoring	Nearshore Outsourcing
	Offshoring	Captive Offshoring	Offshore Outsourcing

Abb. 4.5 Begriffliche Abgrenzung zwischen On-, Near- und Offshoring sowie Outsourcing

Outsourcing (engl. *Application Management*) und das prozessorientierte Outsourcing (engl. *Business Process Outsourcing*) zunehmend an Bedeutung im Rahmen des IT-Outsourcings.

Wesentliche Gründe für die Auslagerung eines Shared Service Center im Rahmen eines Outsourcing-Vertrags sind:

- **Kostenreduktion** durch geringere *Total Cost of Ownership*, die nicht nur die Anschaffungskosten einer bestimmten Infrastruktur, sondern auch die späteren Nutzungskosten (Modifikationen, Wartung) berücksichtigt
- Konzentration auf die eigentliche **Kernkompetenz**
- Mangel an Know-how oder qualifizierten Arbeitskräften
- Höhere Leistung und bessere Qualität
- Schnellere Reaktion auf Veränderungen
- Höhere Spezialisierung.

Demgegenüber sind aber auch einige Risiken zu berücksichtigen, die mit dem Outsourcing einhergehen können:

- Qualität der ausgelagerten Prozesse kann nicht beeinflusst werden
- Abhängigkeit vom Drittunternehmen
- Möglicher Verlust von internem Know-how
- Fehler bei der Wirtschaftlichkeitsberechnung eines Outsourcing-Projekts
- Kommunikationsmängel bei der Umsetzung der Outsourcing-Maßnahme *(Change Management)*.

Eine grundsätzliche Einschätzung darüber, ob zentrale Unterstützungsleistungen und -prozesse in eigener Regie lokal, als Shared Service Center oder als Fremdbezug in Form eines Business Process Outsourcing organisiert werden sollten, liefert Abb. 4.6.

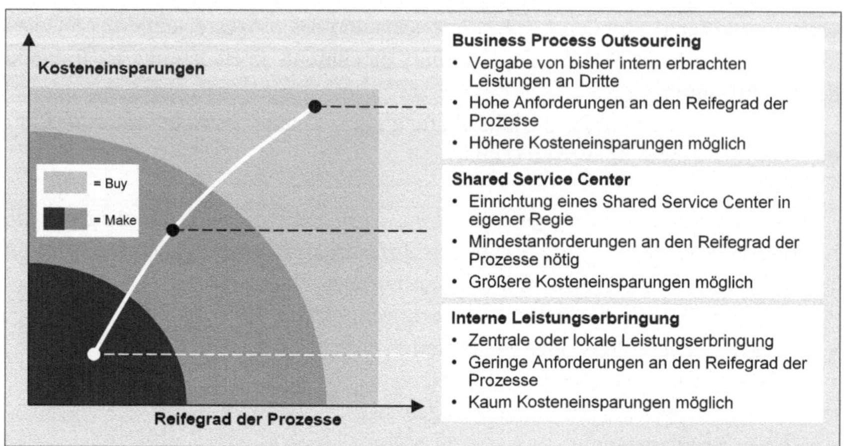

Abb. 4.6 Parameter für „Make-or-buy"-Entscheidungen bei Support-Funktionen

Danach wird der Entscheidungsprozess anhand der beiden Parameter „Reifegrad der Prozesse" und „Kosteneinsparungspotenzial" bestimmt. Je höher der Reifegrad (engl. *Maturity*), also die Stabilität der Prozesse ist und je höhere Kosteneinsparungen (engl. *Cost Savings*) angestrebt werden, umso mehr spricht für eine „Buy"-Entscheidung in Form eines Business Process Outsourcing.

Change Management 5

Das Veränderungsmanagement (engl. *Change Management*) steuert und begleitet kulturelle, strukturelle und organisatorische Veränderungen im Unternehmen, um die Risiken zu reduzieren, die sich durch Veränderung und Transformation ergeben können (vgl. Reger 2009, S. 5).

Dabei steht die Umsetzung von neuen Strategien, Strukturen, Systemen oder Verhaltensweisen im Vordergrund. Bei Restrukturierungen, umfassenden Prozessveränderungen, der Implementierung von ERP-Systemen und der Neuausrichtung von Strategien oder Post-Merger-Integrationen gilt es, das entsprechende Geschäftsmodell möglichst schnell in operative Ergebnisse umzuwandeln. Entscheidend für den Erfolg einer notwendigen Umsetzungsmaßnahme ist, wie gut und wie schnell sich Mitarbeiter an die Veränderung anpassen und ihre Arbeit daran ausrichten. Führungskräfte und Mitarbeiter müssen zielgerichtet mobilisiert und motiviert werden, damit sie die bevorstehenden Veränderungen mitgestalten und vorantreiben. Flexibilität und Veränderungsfähigkeit ist demnach ein wichtiger Erfolgsfaktor im Wettbewerb. Wandel ist somit zu einer Daueraufgabe geworden, der sich Führungskräfte und Mitarbeiter immer wieder stellen müssen.

5.1 Ursachen und Handlungsfelder des Change Managements

5.1.1 Ursachen

In der Erhebung zur Change Management-Studie 2008 von CAPGEMINI wurde nach den wichtigsten Gründen für Veränderungen in Unternehmen gefragt. Die Ergebnisse der Studie zeigen, dass Restrukturierungs- bzw. Reorganisierungsmaßnahmen als wichtigste Gründe für Veränderungen in Unternehmen genannt werden

D. Lippold, *Organisationsstrukturen von Stabsfunktionen,* essentials,
DOI 10.1007/978-3-658-12662-9_5

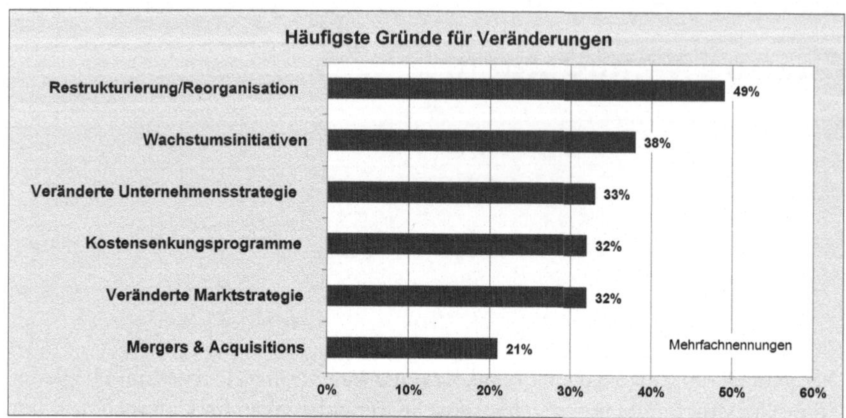

Abb. 5.1 Häufigste Gründe für Veränderungen

(siehe Abb. 5.1). Aus diesen Gründen für Veränderungen, lassen sich zwei grundlegende **Ursachenkomplexe** ausmachen (vgl. Vahs 2009, S. 310 ff.):

- **Externe Ursachen**, die von *außen* auf die Organisation als Problemdruck wirken. Zu den wichtigsten unternehmensexternen Einflüssen zählen der Druck des Marktes und des Wettbewerbs, Firmenübernahmen sowie technologische Veränderungen. Hinzu kommt ein gesellschaftlicher Wertewandel, der hierzulande besonders durch ein vergleichsweise hohes Bildungs- und Wohlstandsniveau beeinflusst wird.
- **Interne Ursachen**, die von *innen* als Problemdruck auf die Organisation wirken. Interne Auslöser für Veränderungsprozesse können Fehlentscheidung der Vergangenheit, Kostendruck, Wachstumsinitiativen, eine Neuformulierung der Unternehmensstrategie oder neue Managementkonzepte sein.

5.1.2 Handlungsfelder

Veränderungsprozesse mit einer großen Reichweite und Tiefe für Aufbau-, Ablauf- und Prozessstrukturen werden auch als transformativer Wandel bezeichnet und sollten nicht isoliert betrachtet werden. Vielmehr ist dafür Sorge zu tragen, dass die erkannten Ursachen und die geplanten Veränderungsmaßnahmen in dem dynamischen Gesamtzusammenhang der vier **Handlungsfelder des Change Managements** zu sehen sind (vgl. Vahs 2009, S. 334 ff.).

Handlungsfeld 1: Strategie

Die Strategie – also der Weg zum Ziel – wird durch bereits eingetretene oder noch zu erwartende Veränderungen beeinflusst. Erfolgt die Strategie reaktiv, so spricht man von einer *Anpassungsstrategie*. Sie kann aber auch aktiv als *Innovationsstrategie* formuliert werden. In Bezug auf die Reichweite der in den Veränderungsprozess einbezogenen Strategieebenen kann zwischen *Unternehmensstrategie*, *Geschäftsbereichsstrategien* oder *Funktionsbereichsstrategien* unterschieden werden. Unabhängig von den einbezogenen Unternehmensebenen wirkt die Formulierung einer neuen Strategie nicht nur nach *außen,* sondern auch nach *innen*, d. h. sie bleibt in aller Regel nicht ohne Auswirkungen auf die bestehenden Organisationsstrukturen.

Handlungsfeld 2: Kultur

Gegenüber den „harten" Faktoren gewinnt die Unternehmenskultur als „weiches" Handlungsfeld für ein erfolgreiches Veränderungsmanagement zunehmend an Bedeutung. Mitarbeiter erwarten abwechslungsreiche und verantwortungsvolle Aufgaben, die Freiräume für ihre persönliche Entfaltung bieten. Daher müssen sie auch rechtzeitig über Veränderungen informiert und in den Veränderungsprozess eingebunden werden. Geschieht dies nicht oder nicht rechtzeitig, so meldet sich allzu häufig das „natürliche Immunsystem" einer Organisation.

Handlungsfeld 3: Technologie

Versteht man unter *Technologie* ganz allgemein Verfahren, Methoden, Maschinen, Werkzeuge, Werkstoffe und das damit verbundene Anwendungswissen, so werden diese vorrangig im Produktionsbereich von Industriebetrieben eingesetzt. Anstehende Veränderungen betreffen hier also vornehmlich den Herstellungsprozess. Veränderungen im Bereich der **Informations- und Kommunikationstechnologie** (IKT) betreffen jedoch nicht nur den Fertigungsbereich (z. B. als Embedded Software), sondern auch den Verwaltungsbereich sowie ganz besonders auch Dienstleistungsunternehmen wie Banken, Versicherungen, Logistik- und Handelsbetriebe. Hier hat die Entwicklung der IKT einen unmittelbaren Einfluss auf die Veränderung der Unternehmensstrukturen. So eröffnet die IKT heute in einem zunehmenden Maße die Chance zur Gestaltung von Prozessen und Strukturen. Mehr noch, in vielen Branchen hat sich die IKT als strategischer Erfolgsfaktor entpuppt. Ein Stichwort hierzu ist die **Digitale Transformation**.

Handlungsfeld 4: Organisation
Mit dem Handlungsfeld *Organisation* sind typische Maßnahmen der **Reorganisation** von Unternehmen angesprochen. Dazu zählen der Abbau von Hierarchieebenen ebenso wie die Einrichtung von Cost- und Profit-Centern oder der Übergang von einer funktionalen zu einer prozessorientierten Struktur. **Restrukturierungsmaßnahmen** (engl. *Restructuring*) sind die konsequenteste Form eines transformativen Wandels, wenn eine strategische Neuausrichtung andere Strukturen verlangt.

5.2 Umgang mit Widerständen

Jede Veränderung löst Verunsicherung, teilweise sogar Ängste und das Gefühl von Kontrollverlust bei den Mitarbeitern aus. Sie wissen nicht, was auf sie zu kommt, wie sie sich in der neuen Situation oder während der Übergangsphase verhalten sollen. So sind Widerstände (engl. *Resistance to Change*) ganz normale und unvermeidliche Begleiterscheinungen von Veränderungsprozessen. Widerstände lassen sich oftmals auf fehlende Akzeptanz und Perspektiven zurückführen. Die Zufriedenheit mit der aktuellen Situation oder auch sachliche, persönliche oder machtpolitische Gründe können für das Nicht-Wollen vorliegen. Widerstände können aber auch auf fehlender Qualifikation beruhen. Aus Angst vor Versagen nimmt man am Veränderungsprozess nicht teil oder versucht ihn zu unterlaufen. Häufig ist es auch fehlendes Verständnis für den Veränderungsdruck. Mangelnde oder falsche Informationen über die Gründe und Notwendigkeit der Veränderung sind i. d. R auf fehlerhafte Kommunikation zurückzuführen (vgl. Reger 2009, S. 18 f.).

5.2.1 Reaktionen auf geplante Veränderungen

Hinsichtlich der Reaktionen auf geplante Veränderungen lassen sich unterschiedliche Personengruppen unterscheiden. Etwa ein Drittel der Betroffenen steht den Veränderungen offen und positiv gegenüber, ein Drittel verhält sich abwartend und neutral und das letzte Drittel lehnt den Wandel leidenschaftlich ab. Differenziert man diese Einteilung weiter, so können sieben Typen von Personen in Verbindung mit Veränderungsreaktionen ausgemacht werden, wobei eine Normalverteilung der einzelnen Typen unterstellt wird (vgl. Vahs 2009, S. 344 ff. unter Bezugnahme auf Krebsbach-Gnath 1992, S. 37 ff.):

- **Visionäre und Missionare**. Diese eher kleine Schlüsselgruppe gehört in der Regel dem Top-Management an und haben die Ziele und Maßnahmen des geplanten Wandels mit erarbeitet oder mit initiiert. Sie sind vom Veränderungserfolg überzeugt und versuchen nun, die übrigen Organisationsmitglieder von der Notwendigkeit der Veränderung zu überzeugen.

- **Aktive Gläubige**. Auch diese Personengruppe akzeptiert den bevorstehenden Wandel und ist bereit, ihre ganze Arbeits- und Überzeugungsarbeit einzusetzen, um die Ziele und neuen Ideen in die Organisation zu tragen.
- **Opportunisten**. Sie wägen zunächst einmal ab, welche persönlichen Vor- und Nachteile der Wandel für sie bringen kann. Gegenüber ihren veränderungsbereiten Vorgesetzten äußern sie sich positiv, gegenüber ihren Kollegen und Mitarbeitern eher zurückhaltend und skeptisch.
- **Abwartende und Gleichgültige**. Diese größte Personengruppe zeigt eine sehr geringe Bereitschaft, sich aktiv an der Veränderung zu beteiligen. Sie wollen erst einmal Erfolge sehen und eine spürbare Verbesserung ihrer persönlichen Arbeitssituation erfahren.
- **Untergrundkämpfer**. Sie gehen verdeckt vor und betätigen sich als Stimmungsmacher gegen die Neuerungen.
- **Offene Gegner**. Diese Gruppe von Widerständlern, der es um die Sache und nicht um persönliche Privilegien geht, zeigt ihre ablehnende Haltung offen. Sie argumentiert mit „offenem Visier“ und ist davon überzeugt, dass die Entscheidung falsch und der eingeschlagene Weg nicht zielführend ist.
- **Emigranten**. Diese eher kleine Gruppe hat sich entschlossen, den Wandel keinesfalls mitzutragen und verlässt das Unternehmen. Häufig handelt es sich dabei um Leistungsträger, die nach der Veränderung keine ausreichende Perspektive für sich sehen.

In Abb. 5.2 sind die typischen Einstellungen gegenüber dem organisatorischen Wandel als Normalverteilung so dargestellt, dass auf der Abszisse die Veränderungsbereitschaft von links (Begeisterung, Zustimmung) nach rechts (Skepsis, Ablehnung) immer weiter abnimmt. Allerdings muss auch hierzu angemerkt werden, dass die unterstellte Normalverteilung durchaus plausibel erscheint, empirisch aber nicht abgesichert ist.

5.2.2 Phasen der Veränderung

Jede Veränderung ist ein Prozess, der zweckmäßiger Weise in folgenden fünf Phasen ablaufen sollte (vgl. Krüger 2002, S. 49):

- **Initialisierung**, d. h. der Veränderungsbedarf wird festgestellt und die Veränderungsträger müssen informiert werden,

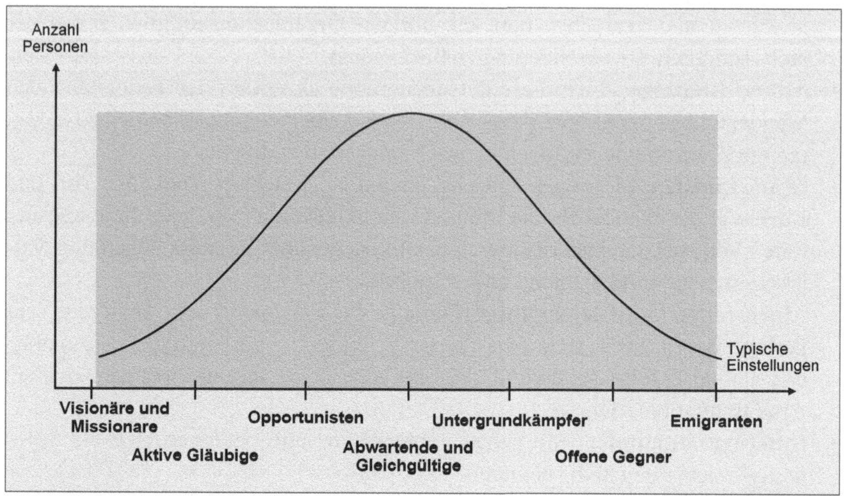

Abb. 5.2 Typische Einstellungen gegenüber dem organisatorischen Wandel

- **Konzipierung**, d. h. die Ziele der Veränderung sind festzulegen und die entsprechenden Maßnahmen zu entwickeln,
- **Mobilisierung**, d. h. das Veränderungskonzept muss kommuniziert und Veränderungsbereitschaft und Veränderungsfähigkeit geschaffen werden,
- **Umsetzung**, d. h. die priorisierten Veränderungsvorhaben sind durchzuführen und Folgeprojekte anzustoßen,
- **Verstetigung**, d. h. die Veränderungsergebnisse müssen verankert und Veränderungsbereitschaft und -fähigkeit abgesichert werden.

5.2.3 Erfolgsfaktoren von Change Management-Projekten

Generell sind es drei Voraussetzungen, die den Erfolg von Change Management-Projekten bestimmen (vgl. Reger 2009, S. 14):

- **Veränderungsbedarf**, d. h. die grundsätzliche Erkenntnis und Überzeugung, dass eine Veränderung zu einer besseren Ausgangssituation führt und damit wettbewerbsrelevant ist,
- **Veränderungsfähigkeit**, d. h. das Potenzial von Führungskräften und Mitarbeitern, die Veränderung erfolgreich umzusetzen und
- **Veränderungsbereitschaft**, d. h. den Willen aller Beteiligten und Betroffenen zur Umsetzung.

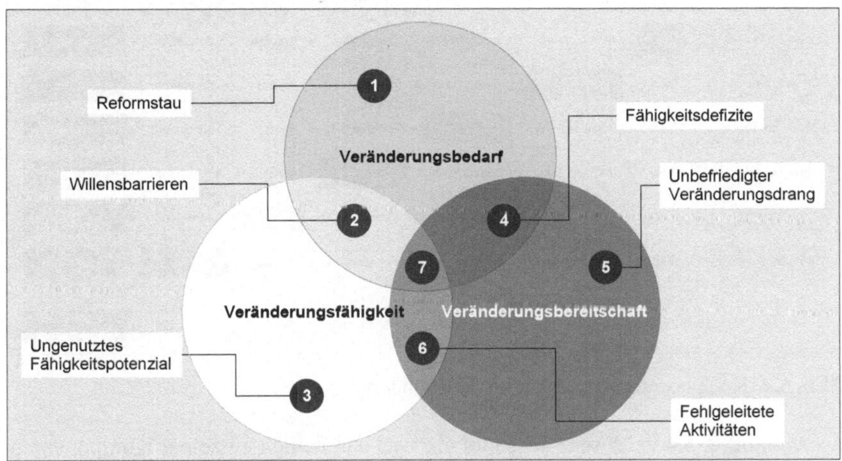

Abb. 5.3 Zusammenhang von Veränderungsbedarf, -fähigkeit und -bereitschaft

Nur wenn alle drei Voraussetzungen zusammen kommen, hat das Change Management „leichtes Spiel".

In Abb. 5.3 sind die Beziehungszusammenhänge von Veränderungsbedarf, -fähigkeit und -bereitschaft dargestellt.

Ein wichtiger Bestandteil des Change Management ist eine klare, konsequente und konsistente **Kommunikation**. Eine rechtzeitige und offene Information der Organisationsmitglieder über die Ursachen, Ziele und Fortschritte des Wandels stellt sicher, dass die Gründe für die Einleitung eines Veränderungsprozesses auch verstanden werden. Führungskräfte und Mitarbeiter werden sich nur dann für den Wandel einsetzen, wenn sie ausreichend über das Veränderungsvorhaben informiert sind und den Gesamtzusammenhang zur Unternehmens- bzw. Marktstrategie kennen. Alle Beteiligten und Betroffenen müssen mit geeigneten Kommunikationsmitteln und -maßnahmen angesprochen werden, um ein konsistentes Bild der Veränderung zu erzeugen. Der Aufbau eines vertrauensvollen Kommunikations- und Arbeitsklimas, das ein laufendes Feedback über den Veränderungsprozess fordert und in die Maßnahmengestaltung einfließen lässt, ist somit eine ganz wichtige Voraussetzung für den erfolgreichen Unternehmenswandel (vgl. Vahs 2009, S. 355).

Jedes Change Management-Team sollte sich darüber im Klaren sein, dass sich ohne Ziele, Aktionspläne, Ressourcen, Fähigkeiten, Anreize und Informationen die gewünschte Veränderung nicht einstellen wird. Im Gegenteil, fehlt bereits eine dieser Komponenten, so ist Aktionismus, Chaos, Frustration, Angst oder Verwirrung vorprogrammiert.

Ohne **Ziele**	?	+	Aktionspläne	+	Ressourcen	+	Fähigkeiten	+	Anreize	+	Information	=	**Aktionismus**
Ohne **Pläne**	Ziele	+	?	+	Ressourcen	+	Fähigkeiten	+	Anreize	+	Information	=	**Chaos**
Ohne **Ressourcen**	Ziele	+	Aktionspläne	+	?	+	Fähigkeiten	+	Anreize	+	Information	=	**Frustration**
Ohne **Fähigkeiten**	Ziele	+	Aktionspläne	+	Ressourcen	+	?	+	Anreize	+	Information	=	**Angst**
Ohne **Anreize**	Ziele	+	Aktionspläne	+	Ressourcen	+	Fähigkeiten	+	?	+	Information	=	**Kaum Veränderung**
Ohne **Information**	Ziele	+	Aktionspläne	+	Ressourcen	+	Fähigkeiten	+	Anreize	+	?	=	**Verwirrung**
	Ziele	+	Aktionspläne	+	Ressourcen	+	Fähigkeiten	+	Anreize	+	Information	=	**Gewünschte Veränderung**

Abb. 5.4 Komponenten der gewünschten Veränderung

Abbildung 5.4 zeigt sehr anschaulich, was das Fehlen einzelner Komponenten im Change Management-Prozess bewirken kann. Besonders deutlich werden diese Effekte, wenn man die Ursachen fehlgeschlagener Change Management-Projekte analysiert.

In Abb. 5.5 sind die häufigsten Ursachen für IT-Projekte, die die Erwartungen nicht erfüllt haben, aufgelistet. Daran wird deutlich, dass es im Wesentlichen immer wieder an der Vernachlässigung mindestens einer der o. g. Komponenten liegt, wenn Projekte nicht den gewünschten Erfolg bringen.

Konkret muss das Unternehmen Sorge dafür tragen, dass die Veränderung zu einer Anreiz-kompatiblen Organisationslösung führt, d. h. der Mitarbeiter sollte durch Erfüllung der gestellten Aufgabe auch seine eigenen Ziele erreichen können. Des Weiteren ist die Motivation der Mitarbeiter auf ein gemeinsames Ziel auszurichten, um den Abbau von Blockaden zu erleichtern. Auch eine gezielte Steuerung der Erwartungen sowie eine entsprechende Qualifizierung der Mitarbeiter sind Grundlagen für einen erfolgreichen Change Management-Prozess.

Fazit: Eine der Veränderung positiv gegenüberstehende Unternehmenskultur, eine angemessene und zielgruppenorientierte Kommunikation sowie ein kompetentes Change Management-Team, das mit entsprechenden Ressourcen ausgestattet ist, bilden die wichtigsten Grundlagen für einen erfolgreichen Wandel im Unternehmen.

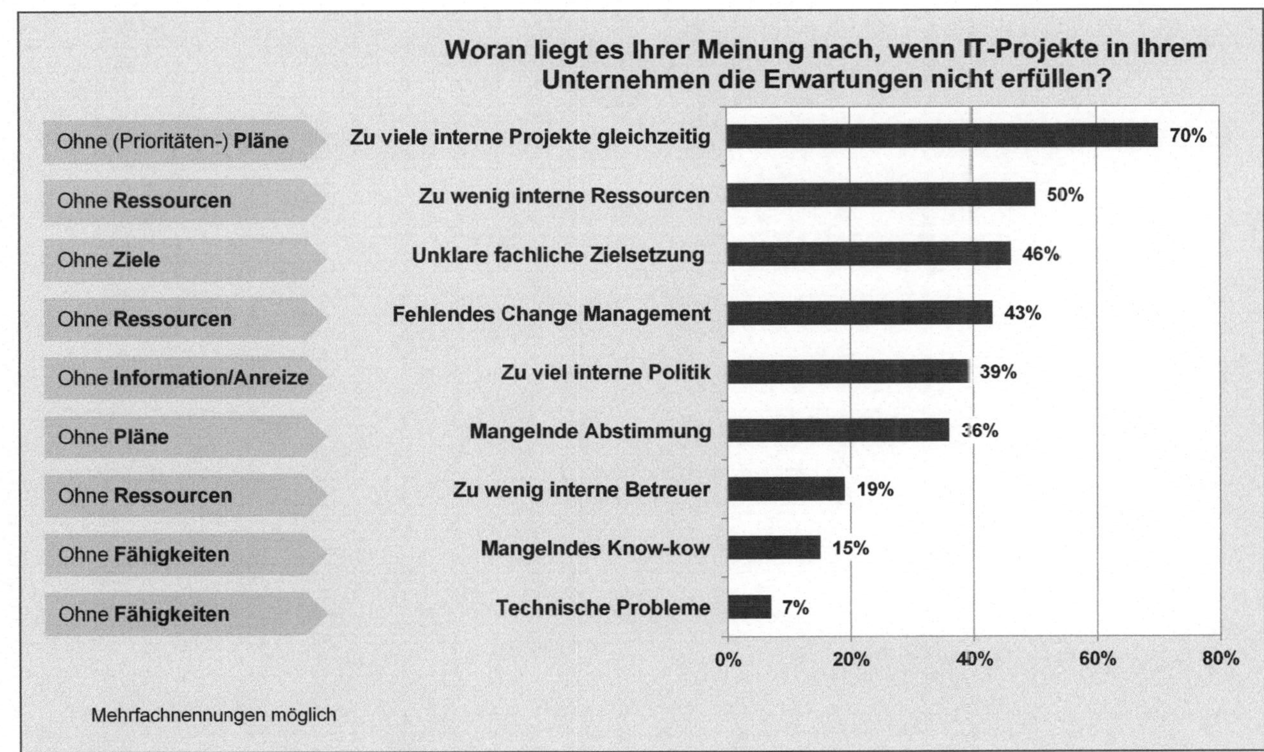

Abb. 5.5 Ursachen fehlgeschlagener IT-Projekte

Literatur

Appel W (2011) HR-Serviceplattform HRdirekt. Standardisierung von Prozessen versus Serviceorientierung, Präsentationsvorlage BASF vom 31.3.2011

Bartscher T, Stöckl J, Träger T (2012) Personalmanagement. Grundlagen, Handlungsfelder, Praxis. Pearson Studium, München

Bürger JH (1989) PR-Gebrauchsanleitungen für praxisorientierte Öffentlichkeitsarbeit. Moderne Industrie, Landsberg am Lech

Capgemini Consulting (2008) Change Management-Studie 2008

Doppler K, Lauterburg C (2005) Change Management. Den Unternehmenswandel gestalten, 11. Aufl. Campus, Frankfurt a. M.

Gadatsch A (2008) Grundkurs Geschäftsprozess-Management. Methoden und Werkzeuge für die IT-Praxis. Eine Einführung für Studenten und Praktiker, 5. Aufl. Gabler, Wiesbaden

Gaitanides M, Scholz R, Vrohlings A, Raster, M (1994) Prozeßmanagement: Konzepte, Umsetzungen und Erfahrungen des Reengineering. Hanser, München

Hammer M, Champy J (1994) Business Reengineering. Die Radikalkur für das Unternehmen. Campus, Frankfurt a. M.

Homburg C, Krohmer H (2009) Marketingmanagement. Strategie – Umsetzung – Unternehmensführung, 3. Aufl. Gabler, Wiesbaden

Homburg C, Jensen O, Klarmann M (2005) Die Zusammenarbeit zwischen Marketing und Vertrieb. Eine vernachlässigte Schnittstelle, Arbeitspapier M 86 der Reihe Management Know-how, Institut für Marktorientierte Unternehmensführung, Universität Mannheim

HR-Barometer (2007, 2009 und 2011) Bedeutung, Strategien, Trends in der Personalarbeit (hrsg. v. Capgemini Consulting)

IT-Trends (2009) hrsg. v. Capgemini 2010

KPMG (Hrsg) (2007) Shared service Center Controlling. Ergebnisse einer empirischen Erhebung. http://www.kpmg.de/docs/Shared_Service_Center_Controlling.pdf. Zugegriffen: 29. Sept. 2011

Krebsbach-Gnath C (1992) Wandel und Widerstand. In: Krebsbach-Gnath C (Hrsg) Den Wandel von Unternehmen steuern. Faktoren für ein erfolgreiches Change-Management. Frankfurter Allgemeine Zeitung, Frankfurt a. M., S 37–55

Lippold D (2010) Die Personalmarketing-Gleichung für Unternehmensberatungen. In: Niedereichholz et al (Hrsg) Handbuch der Unternehmensberatung. Erich Schmidt, Berlin

D. Lippold, *Organisationsstrukturen von Stabsfunktionen,* essentials,
DOI 10.1007/978-3-658-12662-9

Lippold D (2014) Die Personalmarketing-Gleichung. Einführung in das wert- und prozessorientierte Personalmanagement, 2. Aufl. De Gruyter Oldenbourg, München

Lippold D (2015) Die Marketing-Gleichung. Einführung in das prozess- und wertorientierte Marketingmanagement, 2. Aufl. De Gruyter, Berlin

Osterloh M, Frost J (2005) Prozessmanagement als Kernkompetenz, 5. Aufl. Gabler, Wiesbaden

Reger G (2009) Innovationsmanagement – Change Management. Präsentationsvorlage Potsdam 12.12.2009

Schmelzer HJ, Sesselmann W (2006) Geschäftsprozessmanagement in der Praxis. Kunden zufrieden stellen – Produktivität steigern – Wert erhöhen, 5. Aufl. Hanser, München

Schnieder A (2004) Business Transformation: Ein umfassendes Modell zur Unternehmenserneuerung. In: Fink D (Hrsg) Management consulting fieldbook. Die Ansätze der großen Unternehmensberater, 2. Aufl. Vahlen, München

Schreyögg G (2012) Grundlagen der Organisation. Basiswissen für Studium und Praxis. Springer, Wiesbaden

Schreyögg G, Koch J (2015) Grundlagen des Managements. Basiswissen für Studium und Praxis. Springer, Wiesbaden

Steinmann H, Schreyögg G (2005) Management. Grundlagen der Unternehmensführung. Konzepte – Funktionen – Fallstudien, 3. Aufl. Gabler, Wiesbaden

Unkrig R (2005) Business Partner Personalmanagement. Auf dem Weg von der Verwaltung zur Wertschöpfung, Präsentationsvortrag RWE Solutions, Pforzheim, 27. April 2005

Vahs D (2009) Organisation. Ein Lehr- und Managementbuch, 7. Aufl. Schäffer-Poeschel, Stuttgart

Wiss-Autorenteam (2001) Prozessorganisation. http://bwi.shell-co.com/03-01-01.pdf

Sachverzeichnis

D. Lippold, *Organisationsstrukturen von Stabsfunktionen,* essentials,
DOI 10.1007/978-3-658-12662-9